Inhalt

Vorspeisen

Gefülltes Brot

1 ovales Brot
6–8 El. Butter
1/2 Tasse Sardellen
1Tasse Zungenwürfel
1 Tasse Schinkenwürfel
1/2 Tasse Emmentalerkäsewürfel
2 Eier
1 El. Kapern
Senf, Salz, Pfeffer
Aspik, Tomaten, Petersilie

Ein ovales Brot entrinden und vorsichtig aushöhlen. Die Butter schaumig rühren. Die Sardellen putzen und durch ein Sieb streichen. Die Eier hart kochen und fein hacken. Mit der Zunge, dem Schinken und dem Käse vermengen, würzen und fest in das ausgehöhlte Brot drücken. Das Brot in den Kühlschrank stellen. Vor dem Anrichten in Scheiben schneiden und mit Aspik, Tomatenscheiben und Petersilie garnieren.

Gemüsesalat

Karotten, weiße Rüben
Kartoffelwürfel
grüne Bohnen
Erbsen
Spargelspitzen
Blumenkohlröschen
Essig, Öl
Salz, Pfeffer
Kerbel, Petersilie

Gemüse kochen und erkalten lassen. In gefällige Form schneiden oder zerteilen. Aus den übrigen Zutaten die Marinade mischen und den Salat damit übergießen.

Gurkensalat mit Sahne

1–2 Gurken (je nach Größe)
Salatsauce
etwas Dill
saure Sahne zur Salatsauce

Die Gurken schälen, die bitteren Teile entfernen, in Scheiben schneiden und in die Salatsauce geben. Gut durchmischen und mit saurem Rahm anrichten. Mit etwas kleingeschnittenem Dill bestreuen.

Kartoffelsalat

1 kg Kartoffeln
1 kleine Zwiebel, gehackt
1 Tasse warme Fleischbrühe oder Wasser
4 El. Öl oder gebratene Speckwürfel
2 El. Essig
Salz, Pfeffer

Die frisch gekochten Kartoffeln einer möglichst festen Sorte heiß schälen, in Rädchen schneiden und etwas abkühlen lassen. Zuerst mit dem Öl vermengen, dann Essig, die Fleischbrühe und die Gewürze zugeben. Vorsichtig durchmischen und ziehen lassen. Beim Anrichten etwas schwarzen Pfeffer und einige Tropfen Öl darübergeben.

Warmer Kartoffelsalat

1 kg gekochte Kartoffeln
1 kleine gehackte Zwiebel
1/8 l Fleischbrühe
Essig
Salz, Pfeffer nach Geschmack
50 g in Würfel geschnittener Speck

Die heißen Kartoffeln schälen, in Scheiben schneiden. Die übrigen Zutaten mischen, über die Kartoffeln gießen und leicht vermengen. Den Salat bis zum Auftragen warm stellen. Zu Schweinebraten, Wiener Würstchen, gebratener Leber oder paniertem Fisch reichen.

Lauchsalat

4 Stangen Lauch
3 El. Öl
2 El. Essig
1 El. Zitronensaft
2 El. Wasser
Salz, Pfeffer

Von den Lauchstangen das Grüne entfernen, die weißen Stücke in Salzwasser weich kochen. Auf einem Sieb abtropfen lassen. Eine Marinade bereiten, über den Lauch gießen und diesen einige Stunden ziehen lassen.

Tip

Die grünen Blätter des Lauchs nicht wegwerfen, sondern klein schneiden und für eine Gemüsesuppe aufbewahren.

Eine andere Zubereitungsart: Die rohen Lauchstangen in ganz dünne Scheibchen schneiden, waschen und leicht salzen.
Letztere Zubereitung paßt gut zu Wurst, Käse und kaltem Fleisch, dabei kann das Grüne fein geschnitten wie Schnittlauch verwendet werden.

Tip

Speckmarinade: Speck klein schneiden, in Öl glasig anbraten und mit Essig ablöschen, dann die üblichen Gewürze zugeben und durchmischen. Marinade über den Salat gießen.

Löwenzahnsalat

4 Handvoll Löwenzahn
1 El. Essig
1 El. Wasser
2 El. Öl
Salz, Pfeffer

Die im Frühling noch zarten, gelben Blätter des Löwenzahns verlesen und waschen. Gut abtropfen lassen, mit den übrigen Zutaten marinieren. Nach Belieben Speckmarinade nehmen.

Nudelsalat

250 g Hörnchen
1 Tasse Mayonnaise
1 Tasse Joghurt
1 Tasse zerpflückter Räucherfisch
2 Tassen zerkleinerte Wurstreste
etwas Worcestersauce
Salz, Pfeffer
Saft von 1/2 Zitrone
2 Stangen Lauch
1/2 Gurke
3 El. Kräuter
1 Bund Radieschen

Nudeln in Salzwasser nicht zu weich kochen. Den Fisch und die Wurstreste daruntermischen. Gurke hobeln. Das Weiße vom Lauch in dünne Ringe schneiden und dazugeben. Aus Mayonnaise, Joghurt, Worcestersauce, Salz, Pfeffer und Zitronensaft Marinade bereiten, abschmecken und darübergießen. Durchziehen lassen. Vor dem Anrichten mit den gehackten Kräutern und den gehobelten Radieschen bestreuen.

Räucherheringsalat

2 Räucherheringe
gleiche Gewichtsmenge gekochte Kartoffeln
1 El. gehackter Schnittlauch
1 Apfel
Salat-Grundsauce
1 Tl. gehackte Kräuter: Petersilie, Estragon, Fenchel

Heringsfilets auslösen. Fisch, Kartoffeln und Apfel in kleine Würfel schneiden. Mit Salatsauce vermengen. Gehackte Kräuter beifügen, in Fischform anrichten.

Rettichsalat

1 großer Rettich
2 El. Öl
2 El. Essig
1 Zwiebel, gehackt
Salz, Pfeffer

Den Rettich waschen, schaben, in Scheiben schneiden oder hobeln. Einsalzen und 5 Minuten ziehen lassen. Aus den übrigen Zutaten eine Marinade mischen, über den Rettich gießen und diesen darin ziehen lassen.

Sauerkrautsalat

250 g rohes Sauerkraut
3 El. Öl
Essig
saure Sahne
2 Äpfel
1 Zwiebel
Salz, Pfeffer
wenig Zucker

Das Sauerkraut ausdrücken, mit verdünntem, heißem Essig übergießen. Etwas ziehen lassen und danach abgießen. Die geriebenen Äpfel, die gehackte Zwiebel, das Öl, etwas Sahne und die Gewürze zugeben. Alles gut durchmischen und noch etwa 15 Minuten ziehen lassen. Der Salat schmeckt besonders gut zu Fischgerichten.

Steinpilzsalat

600 g junge, feste Steinpilze
ein Schuß Essig
Salz, Pfeffer
2 Knoblauchzehen
4 El. Weinessig
4 El. Olivenöl
etwas Basilikum, gehackt
ein Bund Petersilie
1 Schalottenzwiebel
Salatblätter zum Anrichten

Die Pilze waschen, putzen und je nach Größe entweder halbieren oder ganz lassen; kochendes Salzwasser mit einem Schuß Essig würzen und die Pilze darin kurz blanchieren, sodann in einem Sieb gut abtropfen, erkalten lassen und danach blättrig aufschneiden. Zwiebel schälen und fein hacken, Knoblauch schälen und zerdrücken, Petersilie fein hacken.
Man bereitet aus Weinessig, Öl, Salz, Pfeffer, Zwiebel, Knoblauch und Basilikum eine Marinade, die man nach Geschmack mit Wasser verdünnt; die vorbereiteten Pilze in diese Marinade geben und zwei Stunden lang im Kühlschrank ziehen lassen. Nun legt man eine passende Schüssel mit Salatblättern aus und richtet darauf den Pilzsalat an.

Suppen

Baumwollsuppe

$1^1/_2$ l Fleischbrühe
3 El. Butter, Salz
2 Eier
3 El. Mehl
$^1/_2$ El. Brösel
Muskat
2 El. Sahne
Petersilie

Butter schaumig rühren. Eier beifügen und dickrühren. Mehl, Brösel, Gewürze und Sahne zugeben. Zu einem glatten Teig vermengen. In einem Strahl in kochende Fleischbrühe einlaufen lassen. Ohne viel in der Suppe zu rühren, einmal aufwallen lassen. Mit gehackter Petersilie bestreut und nach Belieben gewürzt anrichten.

Biersuppe

1 l Bier
2 El. Mehl
1 El. Zucker
1 El. Butter
Saft und Schale von $^1/_2$ Zitrone
Zimt
1–2 Eier

Das Mehl und den Zucker in der Butter anrösten und mit Bier auffüllen. Die Zitronenschale, den Zitronensaft und den Zimt beifügen und kurz aufkochen lassen. Die Eier darin verquirlen. Nach Belieben mit gerösteten Weißbrotscheiben anrichten.

Blumenkohlcremesuppe

1 kleiner Blumenkohl
1 1/4 l Wasser
3 El. Butter
2 El. Mehl
1 Eigelb
4 El. Sahne
Salz
Muskat

Blumenkohlröschen in kochendem Salzwasser zusetzen. Weich kochen und passieren. Aus Butter und Mehl eine helle Mehlschwitze bereiten. Mit Gemüsewasser ablöschen, das Mark zugeben und auffüllen. Würzen und mit Sahne durchkochen. Mit Eigelb legiert und mit Muskat bestreut anrichten.

Braune Rindersuppe

2 El. Fett
1 gelbe Rübe
2 Zwiebeln, gehackt
3/4 kg Rindfleisch
Rinderknochen
50 g Rindsleber
2 l Wasser
1 Tl. Salz

In heißem Fett kleingeschnittenes Wurzelwerk und Zwiebeln andünsten. Kleingehackte Knochen und würfelig geschnittene Leber zugeben und zusammen braunrösten. Mit leicht gesalzenem, kochendem Wasser aufgießen. Mageres Rindfleisch waschen, klopfen und der Suppe beifügen. Einmal aufkochen lassen, danach auf kleiner Flamme zugedeckt fertigstellen. Die Suppe vor dem Anrichten entfetten und durch ein Leinentuch seihen. Als Einlage: Leberklößchen.

Brennesselsuppe

1 Handvoll junge Brennesseln
1 Handvoll Sauerampfer
Wasser
3 El. Butter
4 El. Mehl
Salz
1 l Brühe oder Wasser
1 Ei
1 El. Sahne
2 Brühwürstchen

Brennesseln und Sauerampfer waschen und in kochendem Wasser kurz kochen. Abgießen und durchpassieren. Aus Butter und Mehl eine helle Mehlschwitze bereiten. Mit Brühe oder Wasser ablöschen, auffüllen, durchkochen. Würzen und die Kräuter zugeben. Mit verquirltem Ei und Sahne legieren. Als Einlage können in dünne Rädchen geschnittene Brühwürstchen gegeben werden.

Tip

Klare Suppen mit Einlage immer mit Schnittlauch, gebundene Suppen immer mit Petersilie aufwerten.

Buttermilchsuppe

1 l Buttermilch
1 El. Mehl
300 g Kartoffelwürfel
100 g Speck
1 Zwiebel
Salz

Die Buttermilch mit dem Mehl verquirlen und aufkochen. In Salzwasser weichgekochte und abgegossene Kartoffelwürfel beifügen. Den Speck und die Zwiebel in kleine Würfel schneiden, anbräunen und über die fertige, mit Salz abgeschmeckte Suppe gießen.

Doppelte Kraftbrühe mit Ochsenmark

1 kg Ochsenfleisch
1 kg Knochen
250 g Kalbfleisch
1 altes Suppenhuhn oder
1 Tube Ochsenmark
Wurzelwerk
3 l Wasser
Salz
2 Eiweiß

Ochsenfleisch, Knochen, Kalbfleisch oder Huhn in kaltem Wasser aufstellen. Unter öfterem Abschäumen 2 Stunden bei offenem Deckel kochen. Salz und Wurzelwerk beifü-

Tip

Gießen Sie die fertiggekochte Brühe durch einen Kaffeefilter oder durch ein Haarsieb; die Suppe wird ganz klar.

gen. Nochmals $1^1/_2$ Stunden kochen. Die Brühe durchseihen und nochmals 15 Minuten ruhen lassen, bis sich alles Trübe gesetzt hat. Das Fett abschöpfen, die Brühe abgießen und wieder aufs Feuer geben. Geschlagenes Eiweiß zugeben. Unter fortwährendem Rühren über kleiner Flamme zum Kochen bringen. 15 Minuten ziehen lassen und danach durch ein Haarsieb gießen. Mit zuvor in heißem Wasser gebrühten Ochsenmarkscheiben anrichten.

Eiergerstensuppe

4 El. Butter oder Fett
75 g Mehl
1 Ei
$1^1/_4$ l Wasser
1 El. gehackte Petersilie
Salz, Muskat

Ei mit einer Tasse Wasser gut verquirlen. Mehl in Butter oder Fett hellbraun rösten. Mit dem verquirlten Ei ablöschen. Wasser zugießen, würzen und gut durchkochen. Vor dem Anrichten mit Muskat und feingehackter Petersilie bestreuen. Nach Belieben mit Suppenwürze abschmecken.

Einlaufsuppe

1 l Fleischbrühe
1–2 Eier
1–2 El. Mehl
Salz, Muskat
gehackter Schnittlauch
oder Petersilie

Die Eier, das Mehl und Gewürze gut verquirlen. Unter ständigem Rühren mit einem Schneebesen in die durchgesiebte, kochende Fleischbrühe einlaufen lassen. Kurz aufkochen lassen und beim Anrichten mit Schnittlauch oder Petersilie bestreuen.

Erbsensuppe

250 g Erbsen (Hülsenfrüchte)
$1^1/_2$ l Wasser
2 El. Fett
1 Zwiebel, gehackt
gehackte Petersilie
Salz, Pfeffer
$2^1/_2$ El. Mehl
1 Brötchen
1 El. Butter

Erbsen waschen, über Nacht in kaltem Wasser einweichen. Anderntags im Einweichwasser aufstellen. Gespaltene, geschälte Erbsen können ohne vorheriges Einweichen verwendet werden. In Fett angedünstete Zwiebel und Petersilie zugeben. Nach dem Weichkochen Erbsen durchpassieren. Aus Mehl und Fett eine helle Mehlschwitze bereiten und mit Erbsenbrühe ablöschen. Mit Erbsenmark, Brühe und Wasser auffüllen und durchkochen. Nach Belieben mit Majoran bestreuen und in Butter geröstete Weißbrotwürfel einlegen oder getrennt dazu reichen.

Fischsuppe (Fastensuppe)

300 g Fisch oder Reste von gekochtem Fisch
1 gelbe Rübe, Lauch
Sellerie, Zwiebel, Petersilie
Lorbeerblatt
1 Msp. Safran
Paprika
1 Tasse Weißwein

2 El. Öl
geröstete Weißbrotwürfel
1 Tasse Krabben
3 El. Mehl
Pfefferkörner, Salz

Wurzelwerk klein schneiden und in Öl andünsten. Mehl zugeben und anrösten. Mit Wasser oder Fischsud ablöschen und auffüllen. Fischstücke mit Gräten und Gewürze beifügen. 1 Stunde gut verkochen. Wein zugeben und nochmals aufkochen. Durchseihen und die Krabben und Fischstücke einlegen. Nochmals wärmen und mit den gerösteten Weißbrotwürfeln anrichten.

Fleischbrühe

750 g Ochsenfleisch
Rinderknochen
Suppengrün
Salz

Die Knochen, das Suppengrün und die Gewürze in 2 bis 3 l kaltem Wasser kochen. Nach dem ersten Aufkochen abschäumen. Das Fleisch zugeben. Nach 1½ bis 2 Stunden Kochzeit die Brühe durch ein feines Sieb gießen und mit einer Einlage servieren.

Gemüsesuppe

1 Stange Lauch
2 gelbe Rüben
¼ Sellerieknolle oder Backerbsen oder 1 Tasse gekochte Stangensellerie
Reis, gekocht
3 El. Butter
1¼ l Fleischbrühe
½ Blumenkohl

Gemüse zurichten und in kleine Würfel schneiden. In Butter dünsten. Mit Brühe auffüllen und durchkochen. Vor dem Anrichten Backerbsen oder Reis einlegen.

Grießsuppe

1 l Fleischbrühe oder Wasser
6 El. Grieß
Suppenwürze
Muskat
1 Ei oder Sahne

Den Grieß unter Rühren in die kochende Fleischbrühe oder das Salzwasser einlaufen lassen. 20 Minuten kochen. Nach Belieben würzen und mit geriebenem Muskat, 1 verquirltem Ei oder etwas Sahne anrichten.

Grüne Kartoffelsuppe

500 g rohe Kartoffeln
1–2 Tomaten
1 gelbe Rübe
1 Stückchen Sellerie
Petersilie, Zwiebel
$1^1/_2$ l Wasser
2 El. Butter
1 El. Mehl
1–2 El. saure Sahne
Salz
geröstete Weißbrotwürfel

Die Kartoffeln und das Suppengemüse zurichten und klein schneiden. Die Butter erhitzen, die Kartoffeln und das Suppengemüse darin dämpfen und das Mehl darüberstäuben. Mit dem Wasser oder der Knochenbrühe ablöschen. Die Suppe gut durchkochen und salzen. Vor dem Anrichten mit

Sahne abschmecken und mit der gehackten Petersilie bestreuen. Nach Belieben geröstete Weißbrotwürfel einlegen.

Grünkernsuppe

125 g Grünkernschrot
2 El. Butter, Salz
$1^1/_2$ l Brühe oder Wasser
1 Eigelb
3 El. Sahne
evtl. 1 Kalbshaxe

Grünkernschrot in Butter leicht anschwitzen. Mit Brühe oder Wasser auffüllen und würzen. Etwa 45 Minuten kochen. Mit Ei und Sahne legieren. Nach Belieben eine Kalbshaxe mitkochen und das Fleisch, abgelöst und in Stücke geschnitten, beim Anrichten beifügen.

Gulaschsuppe

250 g Rinderfilet, in Würfel geschnitten
1 große Zwiebel
2 El. Schweineschmalz
2 Tomaten
1 Paprikaschote
Salz, Paprika
2 El. Mehl
1 Tasse gekochte Kartoffelwürfel
Kümmel und Majoran

In einer Kasserolle die feingehackte Zwiebel in reichlich Schmalz hellgelb rösten. Das Fleisch, Salz, die Tomaten und gegebenenfalls 1 geschnittene Paprikaschote zugeben. Alles zusammen dämpfen, bis der Saft verdunstet ist. Mit Paprika und Mehl bestreuen, ablöschen und mit 1 l Wasser auffüllen. Die am Vortag gekochten Kartoffeln der kochenden Suppe zusetzen. Mit den übrigen Gewürzen abschmecken.

Haferflockensuppe

1 l Wasser oder Brühe
6 El. Haferflocken
Salz
Eigelb, Sahne

Die Haferflocken mit dem Wasser oder der Fleischbrühe und Salz 5 bis 10 Minuten kochen. Nach Belieben mit Eigelb und Sahne oder einem Stück Butter verfeinern.

Hühnerkraftbrühe

1 küchenfertiges Suppenhuhn
500 g Rindfleisch
1 Petersilienwurzel
1 gelbe Rübe
1 Scheibe Sellerie
Salz

Ein küchenfertiges Huhn mit Rindfleisch, Wurzelwerk, Salz und Wasser zusetzen. In etwa 2 Stunden (bei einem jüngeren Huhn) weich kochen. Als Einlage den blättrig geschnittenen Magen, Leber, Hühnerfleisch und Fadennudeln oder Reis geben. Nudeln oder Reis zuvor in Salzwasser abkochen und, gut durchgespült, der Brühe beifügen.

Kerbelsuppe

2 Handvoll Kerbel
2 El. Butter
3 El. Mehl
1 l Wasser
1 Eigelb
1/2 Tasse saure Sahne
Salz

Kerbel waschen und fein wiegen. In Butter leicht andünsten. Mit Mehl überstäuben, mit Wasser ablöschen und auffüllen. Sahne zugeben, würzen und aufkochen. Nach Belieben die Suppe vor dem Anrichten durchpassieren. Mit Eigelb legieren.

Tip

Kerbel oder andere Küchenkräuter entweder mit dem Wiegemesser zerkleinern oder im Mixer pürieren.

Kürbissuppe

1 kleiner Kürbis
1 Zwiebel
Salzwasser
$1\frac{1}{4}$ l Fleischbrühe
1 El. Butter
Muskat

Kürbis schälen, entkernen und in kleine Stücke schneiden. Mit der Zwiebel zusammen in Salzwasser weich kochen. Abgießen und durchpassieren. Das Mark mit der Butter verrühren, in Fleischbrühe oder Kürbiswasser, mit einem Bouillonwürfel verfeinert, verkochen. Mit Muskat bestreuen. Nach Belieben über gerösteten Weißbrotwürfeln anrichten.

Pilzsuppe aus frischen Pilzen

1 Suppenteller Steinpilze oder Pfifferlinge
4 El. Butter oder Öl
1 El. gehackte Petersilie
1 Tl. gehackte Zwiebel
3 El. Mehl
Salz, Pfeffer
$1^1/_4$ l Wasser
3 El. Sahne oder saure Sahne

Zugerichtete, blättrig geschnittene Pilze in heißer Butter oder Öl mit Petersilie und Zwiebel andünsten. Mehl überstäuben, mit Wasser ablöschen und auffüllen. Würzen und gut verkochen. Vor dem Anrichten mit Sahne legieren.

Prager Kartoffelsuppe

350 g Kartoffeln
150 g rohes Rippchen
Salzwasser
2 El. Butter
2 El. Mehl
$^1/_2$ Tasse Milch
$1^1/_4$ l Wasser
Salz, Pfeffer

Rohe Kartoffeln schälen und in Schnitze teilen. Mit dem Rippchen zusammen in Salzwasser weich kochen. Die Kartoffeln durchpassieren. Aus Butter und Mehl eine helle Mehlschwitze bereiten. Mit Milch ablöschen. Kartoffelwasser und durchpassierte Kartoffeln zugeben. Durchkochen lassen und würzen. Nach Bedarf mit Wasser verdünnen. Beim Anrichten das kleinwürfelig geschnittene Fleisch und nach Belieben geröstete Weißbrotwürfel einlegen.

Reismehlsuppe

5 Tl. Reismehl
$1\frac{1}{4}$ l Wasser oder Brühe
Salz
1 Eigelb
Muskat
Sahne
Suppenwürze

Reismehl in kaltem Wasser anrühren. In kochende Brühe oder Wasser einlaufen lassen. Unter Rühren aufkochen, salzen und gut durchkochen. Vor dem Anrichten mit Eigelb und Sahne legieren und mit Muskat und Suppenwürze abschmecken.

Reissuppe

1 l Fleischbrühe oder Wasser
Schnittlauch, fein geschnitten
8 El. Reis
1 Ei
1 El. Butter

Tip

Statt Reis kann man auch – die billigere Version – Graupen nehmen; diese müssen etwas länger kochen, bis sie weich sind.

Den Reis waschen und gut abtropfen lassen. In einem Topf Butter zergehen lassen. Den Reis zugeben und kurz dünsten. Mit der Fleischbrühe oder dem Wasser auffüllen, würzen und die Suppe gar kochen. Mit Schnittlauch bestreut anrichten. Nach Belieben mit geschlagenem Ei verbessern.

Sauerrahmsuppe mit Schwarzbrot

3/4 l Wasser
1 Tasse saure Sahne
Salz, Pfeffer, Muskat
1 Eigelb
Schwarzbrot
Butter
Schnittlauch

Das Wasser, dicke saure Sahne und Gewürze unter ständigem Rühren aufkochen. Schwarzbrot in dünne Scheiben schneiden und rösten. In die Suppenterrine verquirltes Eigelb, gehackten Schnittlauch und das Brot geben. Mit der heißen Suppe auffüllen und durchrühren.

Spinatsuppe

1 Zwiebel
1/2 Stange Lauch
1/2 Scheibe Sellerie
1 Kartoffel
2 El. Butter
2 El. Mehl
1 1/2 l Wasser
250 g Spinat
Salz, Muskat
2 El. Sahne

Suppengemüse klein schneiden und in Butter andünsten.

Mit Mehl überstäuben, kurz rösten, mit Wasser ablöschen und auffüllen. Nach 20 Minuten Kochzeit rohen, feingewiegten Spinat zugeben. Würzen und noch weitere 10 Minuten kochen. Vor dem Anrichten mit Sahne legieren.

Tomatensuppe

500 g Tomaten	*1/2–1 El. Zucker*
3 El. Butter	*Petersilie*
4 El. Mehl	*Einlage*
Salz, Paprika	

Die Tomaten waschen und zerteilen. In einer Kasserolle mit etwas Wasser weich dämpfen und durchpassieren. Aus Mehl und Butter eine helle Mehlschwitze bereiten. Das Tomatenmark zugeben und mit 1 l Wasser auffüllen. Nach Geschmack würzen und aufkochen lassen. Beim Anrichten mit gehackter Petersilie bestreuen und nach Belieben Schwemmklößchen oder in Butter geröstete Weißbrotwürfel einlegen.

Weiße Bohnensuppe

120 g weiße getrocknete Bohnen	*2 El. Fett*
1 El. Fett, Salz	*2 El. Mehl*
1 geschälte Zwiebel, gehackt	*Pfeffer*
1 l Wasser	*Butter*
	1 Scheibe Weißbrot

Bohnen waschen und über Nacht, mit kaltem Wasser bedeckt, einweichen. Zwiebel in Fett rösten. Die Bohnen mit dem Einweichwasser sowie 1 l Wasser und Petersilie zugeben. Weich kochen und danach durchpassieren. Aus Fett und Mehl eine hellbraune Mehlschwitze bereiten. Mit Bohnenbrühe ablöschen und auffüllen. Bohnenmus und nach Bedarf noch Wasser zugeben. Mit Salz, Pfeffer und nach Belieben mit etwas Knoblauch würzen und durchkochen. Beim Anrichten geröstete Weißbrotwürfel einlegen.

Wildsuppe

Reste von gebratenem Wild
Suppengrün
4 El. Fett
5–8 El. Mehl
Salz, Pfeffer
Paprika
2–3 El. Rotwein

Das Fleisch von den Knochen lösen und in kleine Stückchen schneiden. Die Knochen etwas zerstampfen und mit dem Suppengrün im Fett anbraten. Das Mehl zugeben und dunkel rösten. Mit $1^1/_4$ l Wasser ablöschen, würzen und alles gut durchkochen lassen. Beim Anrichten die durchgeseihte Suppe über die Fleischstückchen gießen. Ein Schuß Rotwein verfeinert die Suppe.

Zwiebelcreme-Suppe

1/2 kg Zwiebel
2 Knoblauchzehen
40 g Öl
30 g glattes Mehl
1/8 l Weißwein
1 l fertige Hühnersuppe
Salz, weißer Pfeffer
eine Prise Muskatnuß
1/8 l süße Sahne
2 Dotter
4 El. halbgeschlagene Sahne
Petersilie, gehackt, zum Bestreuen

Zwiebeln schälen und grob hacken, Knoblauch schälen und fein hacken. In einem geräumigen Topf das Öl erhitzen und darin Zwiebeln und Knoblauch hell rösten, mit Mehl stauben, kurz mitrösten und mit Essig und Weißwein ablöschen; mit der Hühnersuppe aufgießen und mit Salz, weißem Pfeffer und Muskatnuß würzen und auf kleiner Flamme etwa eine halbe Stunde kochen.
Die Sahne mit den Dottern glatt verrühren, die Suppe fein pürieren und durch ein feines Sieb streichen; wieder erhitzen, aber nicht mehr kochen lassen, und mit dem Obersgemisch legieren; in vorgewärmten Schalen anrichten und einen Eßlöffel halbgeschlagenes Obers daraufgeben.
Die Suppe zuletzt mit gehackter Petersilie bestreuen und heiß servieren.

Hauptspeisen

Kalbfleisch, geschnetzelt

500 g Kalbsfilet oder -schnitzel
Salz, Pfeffer
3 El. Olivenöl
Zitronensaft

Das Fleisch in dünne Streifen schneiden, salzen, pfeffern und in Öl rasch goldgelb braten, zuletzt mit etwas Zitronensaft beträufeln.
Dazu: Spätzle

Kalbfleischvögel

500 g Kalbfleisch vom Schlegel
3 El. Bratfett
1 Zwiebel
Petersilie
6 Sardellen
etwas Wasser
1 Msp. Mehl
Zitronensaft
Salz, Pfeffer

Das Kalbfleisch in sehr dünne Scheiben schneiden und klopfen. Zwiebel und Petersilie fein gehackt im Bratfett dünsten und die fein verwiegten Sardellen zugeben, auf die Fleischscheiben streichen, diese aufrollen und mit Hölzchen zusammenhalten. Das restliche Fett in einer Kasserolle erhitzen, die Kalbsvögel darin anbraten, etwas Wasser zugießen und zugedeckt weich dünsten, bis das Wasser verdampft ist. Nun das Mehl daneben miträsten und so viel Wasser oder nach Belieben auch saure Sahne zugeben, wie Sauce benötigt wird, zuletzt mit Zitronensaft und Gewürzen abschmecken.
Dazu: Kartoffelpüree und Salat

Kalbsbraten

1/2–1 kg Kalbfleisch vom Nacken Schlegel oder Bug
Salz, Pfeffer
4 El. Bratfett
je 1 gewürfelte Zwiebel und Tomate
1/2 El. Mehl
Paprika

Das Fleisch mit Salz und Pfeffer einreiben und in heißem Fett auf allen Seiten anbraten, Zwiebel- und Tomatenwürfel zugeben, mit Wasser oder Fleischbrühe ablöschen und zugedeckt weich dünsten, von Zeit zu Zeit wenden und nach Bedarf noch etwas Flüssigkeit zugießen; ist alle Flüssigkeit verdampft und der Braten gar, diesen im Fett wenden, bis er knusprig und glänzend geworden ist, dann auf eine vorgewärmte Platte legen und in Scheiben schneiden. Im Bratsatz das Mehl hellgelb anschwitzen, Paprika zugeben und mit so viel Wasser ablöschen und auffüllen, wie Sauce gewünscht wird, zuletzt die Sauce durchseihen und zum Braten reichen.
Dazu: Teigwaren, Reis oder Kartoffeln mit Gemüse oder Salat

Kalbsbrieschen

2 Kalbsbriese
3 El. Bratfett
Salz, Pfeffer
Mehl
4 El. kleine Champignons oder 1 El. Kapern
Zitronenschnitze
Dill

Die in kaltem Wasser entbluteten Briese in Scheiben schneiden, mit Salz und Pfeffer bestreuen, in Mehl wenden

und im heißen Fett goldgelb anbraten, die Champignons oder Kapern noch kurz mitbraten und mit Zitronenschnitzen und etwas Dill garniert anrichten.
Dazu: Salzkartoffeln mit grünem Salat oder mit feinem Gemüse

Kalbsbrust, gefüllt

Für 6 Personen:

1 kg Kalbsbrust
Salz
Zitronensaft
3 Brötchen
1 Tasse Milch
2 Zwiebeln
Petersilie
1–2 getrennte Eier
1 Tasse Fleischbrühe
4 El. Bratfett
1 El. Mehl
Pfeffer
Salz
Muskat

In das Fleisch eine Tasche schneiden und mit Salz und Zitronensaft einreiben. Die Brötchen in kleine Würfel schneiden, mit der heißen Milch anbrühen und zugedeckt stehen lassen, danach mit einer gehackten und gedämpften Zwiebel, Petersilie, Eigelb und Eischnee sowie den Gewürzen gut vermengen und die Kalbsbrust damit füllen und zunähen. In einer Kasserolle Brühe oder Wasser und Butter erhitzen, die Kalbsbrust hineinlegen, die in Würfel geschnittene zweite Zwiebel beifügen und zugedeckt weich dämpfen. Von Zeit zu Zeit den Braten wenden und noch etwas Brühe zugießen oder in den Backofen stellen und in $1^1/_4$ Stunden fertig braten. Im Bratensatz das Mehl anrösten und so viel Wasser zugeben, wie Sauce gewünscht wird. Auf einer heißen Platte die fertige Kalbsbrust mit einem

sehr scharfen Messer in Scheiben schneiden, dabei die obere Kruste am besten mit einer Schere durchtrennen, damit die Füllung nicht zerdrückt wird.
Dazu: Spätzle mit grünem Salat

Kalbsbrust mit Hirnfülle

1 kg Kalbsbrust
Salz, Pfeffer
6 El. Bratfett
Wasser
1 gehackte Zwiebel
Kalbshirn
gehackte Petersilie
2 El. Butter
1/2 Tasse Milch
3 Brötchen
2 Eier
Salz
Pfeffer
Brösel
1 Tasse Wasser

Die mit einer Tasche versehene Kalbsbrust mit Salz einreiben, das gewässerte, enthäutete Hirn mit Petersilie in Butter

Tip

Ein paar ganze Pfefferkörner im Pfefferstreuer verhindern das Verstopfen der Streulöcher und geben dem Pfeffer mehr Frische.

dünsten, entrindete, in Milch eingeweichte und wieder ausgedrückte Brötchen, Eier, Salz, Pfeffer und Brösel mit dem Hirn vermengen und die Kalbsbrust damit füllen, diese zunähen und allseitig in Butter und Zwiebel anbraten, Wasser zugeben und zugedeckt weich dünsten, bis die Flüssigkeit verdampft ist, danach in Fett knusprig braten oder im Backofen unter öfterem Begießen fertigstellen. Aus dem Bratsatz mit wenig angeröstetem Mehl und etwas Wasser eine Sauce bereiten, die gesondert zu der aufgeschnittenen Kalbsbrust serviert wird.
Dazu: Kartoffelsalat oder Salzkartoffeln mit grünem Salat

Kalbsfrikassee

500–700 g Kalbsbrust
2–3 El. Bratfett
1 kleine gehackte Zwiebel
Salz
Pfeffer
Pfefferkörner
1 Lorbeerblatt
3 El. Mehl
1/2 Tasse Weißwein
1 Eigelb

Das in größere Stücke geschnittene Fleisch mit kochendem Wasser überbrühen, das Fett zergehen lassen und das Fleisch und die Zwiebel darin andünsten, ohne daß sie Farbe bekommen dürfen, mit Wasser auffüllen, würzen und weich kochen. Das mit etwas Wasser angerührte Mehl zugießen, mit Wein und Zitronensaft abschmecken, gut durchkochen und vor dem Anrichten mit Eigelb legieren. Nach Belieben zur Verfeinerung des Gerichts noch einige Champignons beifügen.
Dazu: breite Nudeln oder Butterreis

Kalbsgulasch

500–750 g Kalbfleisch von Bug oder Schale
3 El. Bratfett
2 feingeschnittene Zwiebeln
1–2 geschälte Tomaten
Salz
Pfeffer
Paprika
1 Tasse Wasser
3 El. Mehl

Die Zwiebeln im Fett gelb dämpfen, das nicht zu klein gewürfelte Fleisch und die in Scheiben geschnittenen Tomaten zugeben und anbraten, die Gewürze und das Wasser beifügen und alles zugedeckt weich dünsten; gegen Ende der Zeit den Deckel abnehmen und die Flüssigkeit einkochen lassen, danach mit Mehl bestäuben und mit so viel Wasser auffüllen, wie Sauce gewünscht wird.
Dazu: Klöße oder Teigwaren mit Salat

Kalbshaxe

1 große Kalbshaxe
2 Karotten
2 Zwiebeln
1/4 Sellerieknolle
Salz
Pfeffer
1 Tl. Essig
3 El. Butter

In einem Topf das Gemüse und die Gewürze gerade wasserbedeckt aufsetzen, zum Kochen bringen und die Haxe hineinlegen; ist sie weich gekocht, herausnehmen und mit zerlassener Butter begossen auf dem Rost knusprig braten. Die Gemüsebrühe einkochen lassen, Butter zugeben und bräunen, mit wenig Wasser aufgießen und durchseihen.

Nun das Fleisch vom Knochen lösen und auf einer vorgewärmten Platte aufgeschnitten anrichten, die Sauce dazureichen.
Dazu: Kartoffelpüree oder Kartoffelsalat

Kalbsherz, gespickt

1–2 Kalbsherzen
50 g Speck
3 El. Bratfett
1 Zwiebel
Salz
Pfeffer
1 El. Mehl
Brühe oder Wasser
2 El. Wein
1 Tasse saure Sahne

Die Herzen gut wässern und abtrocknen, spicken, würzen und im Fett mit der Zwiebel von allen Seiten anbraten, das Mehl zugeben und hellbraun rösten, mit Brühe oder Wasser ablöschen und auffüllen, den Wein beifügen und zugedeckt weich dünsten. 30 Minuten vor dem Anrichten mit saurer Sahne übergießen, in der heißen Röhre unter häufigem Begießen knusprig rösten, aufgeschnitten auf einer vorgewärmten Platte anrichten und die Sauce darübergießen.
Dazu: Kartoffelpüree und Gurkensalat

Kalbshirn, gebacken

2 Kalbshirne
Salz
Pfeffer
1 Ei
Brösel
Backfett
Petersilie
Zitronenschnitze

Die Hirne in kaltem Wasser entbluten und häuten, in einem Sieb 5 Minuten in kochendes Salzwasser halten, danach jedes Hirn abgekühlt in 2–3 Teile schneiden, mit Salz und Pfeffer bestreuen, in dem verquirlten Ei und den Bröseln wenden und im heißen Fett in der Pfanne oder schwimmend herausbacken. Mit Zitronenschnitzen und Petersilien-Sträußchen garniert servieren. Auch Bries kann auf diese Art gebacken werden.
Dazu: Kartoffelsalat

Kalbskoteletts in Paprika-Sahne-Sauce

4 Kalbskoteletts
4 El. Bratfett oder Margarine
Salz
Pfeffer
1 El. Paprika
1 feingehackte Zwiebel
6 El. Sahne

Die vorbereiteten Koteletts mit Salz und Pfeffer würzen und im heißen Fett auf beiden Seiten goldbraun braten, danach auf einer Platte warmstellen. Im Bratfond die Zwiebel anschmoren, Paprika beifügen und sofort mit Sahne ablöschen, die Koteletts wieder zugeben und zugedeckt 5 Minuten auf kleiner Flamme ziehen lassen. Der Sauce nach Geschmack noch etwas Sahne unterrühren, die Koteletts damit übergießen und servieren.
Dazu: Nudeln und Salat

Kalbsleber

500 g Kalbsleber-Scheiben
Milch
Mehl
2 El. Bratfett
1 Zwiebel
Salz
Pfeffer

Die Zwiebel in feine Ringe schneiden, die Leberscheiben in etwas Milch und Mehl wenden und zusammen mit den Zwiebelringen im heißen Fett braten, auf eine vorgewärmte Platte legen, würzen und die Zwiebelringe darauf verteilen. Nun im Bratfond etwas Mehl hellbraun rösten, mit Wasser ablöschen, abschmecken und kurz durchkochen. Diese Sauce durchgeseiht zur Leber gießen, ohne die Zwiebel zu benetzen, da diese sonst ihre Knusprigkeit verliert.
Dazu: Kartoffelpüree mit grünem Salat

Kalbsleber Berliner Art

500 g Kalbs- oder Rindsleber
60 g Bratfett oder Butter
2–3 Zwiebeln
2–3 Äpfel
1/8 l Wasser oder Brühe
Salz
Pfeffer
3–5 El. saure Sahne

Die Leber in etwa 1 cm dicke, handtellergroße Scheiben und die Zwiebeln in feine Ringe schneiden. Die geschälten und geviertelten oder in dicke Ringe geschnittenen Äpfel in heißem Fett goldbraun braten und auf eine vorgewärmte Platte legen, ebenso die Zwiebelringe braten und neben die Äpfel legen, dann die Leberscheiben in heißer Butter auf beiden Seiten rasch braten, salzen, pfeffern und auf der

Platte neben Äpfeln und Zwiebeln anrichten. Aus dem Bratfond mit der Brühe und saurer Sahne eine Sauce bereiten, abschmecken und zur Leber reichen.
Dazu: Kartoffelpüree und feine Gemüse

Tip

Äpfel nach dem Schälen und Schneiden sofort mit Zitronensaft beträufeln, so werden sie nicht braun.

Kalbsleber, gebacken

Pro Person:

1 Scheibe Kalbsleber
1 El. Mehl
1 kleine Zwiebel
evtl. 1 Apfel oder 1 Tomate
2 El. Bratfett
Pfeffer
Salz

Die vorbereiteten Leberscheiben mit Mehl bestäuben und in heißem Fett in 5–8 Minuten braten, die in Ringe geschnittene Zwiebel am Rand mitrösten, nach Geschmack kann man auch Tomaten- oder Apfelscheiben mitschmoren lassen. Die Leberscheiben erst kurz vor dem Anrichten leicht salzen und pfeffern.
Dazu: Kartoffelpüree

Kalbsleber, sauer

500 g enthäutete Leber
Mehl
1 Zwiebel
4 El. Bratfett
1 El. gehackte Petersilie
1 Glas Rotwein
Saft von 1/2 Zitrone oder Essig
2 Nelken
1 Lorbeerblatt
Pfeffer
Salz
1 Tl. Stärkemehl

Die Leber in dünne Streifen schneiden, in gesalzenem Mehl wenden, mit der Petersilie in heißem Fett rasch anbraten, Wein, Zitronensaft oder Essig sowie die Gewürze und in etwas Wasser angerührtes Stärkemehl zugeben und kurz erhitzen, die Leber in der Sauce 5 Minuten durchziehen lassen und sofort servieren.
Dazu: Spätzle oder Röstkartoffeln, grüner Salat

Kalbslendenfilet

1 Filet von der Kalbslende
Salz
Pfeffer
4 El. Bratfett
1 kleine Zwiebel
1/4 Tasse Wasser
1 Tl. Mehl

Das von Haut und Sehnen befreite Fleisch würzen und mit Zwiebelschnitzen allseitig im Fett anbraten, das Wasser zugießen und zugedeckt weich dünsten, danach ohne Deckel im Fett wenden, bis das Fleisch knusprig und glänzend aussieht, zu dicken Querscheiben aufgeschnitten auf heißer Platte warm stellen, im Bratsatz das Mehl anrösten und mit

etwas Wasser zur Sauce verkochen und entweder getrennt oder über das Fleisch gegossen anrichten.
Dazu: Reis oder Teigwaren

Kalbslendchen mit Eiersauce

500–750 g Kalbslende	*4 El. Bratfett*
Salz	*1/4 Tasse Weißwein oder Wasser*
Pfeffer	*1 El. Fleischextrakt*

Die Lendchen mit Salz und Pfeffer einreiben und im heißen Fett von allen Seiten rasch anbraten, Wein oder Wasser und Fleischextrakt beifügen und zugedeckt weich dünsten; ist alle Flüssigkeit verdampft, im Bratsatz glasieren.
Dazu: Eiersauce, feine Erbsen und Pommes frites

Kalbsmedaillons in Dillsauce

1 Kalbsfilet	*2 El. Sahne*
Salz	*2 El. gehackter Dill*
Pfeffer	*Salz*
6 El. Butter	*Pfeffer*
2 El. Mehl	*Saft von 1/4 Zitrone*

Das Fleisch in 1/2 cm dicke Scheiben schneiden, würzen und mit der Hälfte der Butter rasch von beiden Seiten hell anbraten und warmstellen. Das Mehl in der übrigen Butter hell anschwitzen, mit etwa 1 Tasse Wasser ablöschen und aufkochen, Sahne und Dill beifügen, mit Gewürzen und

Zitronensaft abschmecken, in die Pfanne über das Fleisch gießen, kurz aufkochen lassen und auf einer vorgewärmten Platte anrichten.
Dazu: Reis und grüner Salat

Kalbsnieren, gebraten

4 Nieren
50 g magerer Speck
1 Zwiebel
Salz
Pfeffer
1 Tl. Mehl
Sojasauce

An den Nieren eine 1 cm dicke Fettschicht belassen und zusammen mit dem breitstreifig geschnittenen Speck in eine Kasserolle legen und anbraten, die gehackte Zwiebel mit den Gewürzen beifügen und zugedeckt etwa eine halbe Stunde dünsten, bis sie gar sind, dabei öfter mit dem Bratfett begießen. Nun im Bratfond das Mehl anrösten, mit Wasser ablöschen und auffüllen und mit Sojasauce abschmecken; diese Sauce über die auf einer heißen Platte angerichteten Nieren gießen.
Dazu: Kartoffelpüree mit Gemüse oder Salat

Kalbsnuß

1 kg Kalbsnuß
Salz
Pfeffer
4 El. Bratfett
Wurzelwerk
1/2 Zwiebel
Wasser
1/2 El. Mehl

Das mit den Gewürzen eingeriebene Fleisch zum angerösteten Wurzelwerk geben und darin anbraten, mit Brühe oder Wasser ablöschen und etwa 1½ Stunden unter häufigem Begießen mit dem eigenen Saft fertig braten. Im Bratsatz das Mehl rösten, mit Wasser oder Brühe ablöschen, auffüllen, kochen und durchpassiert als Sauce zur in Scheiben geschnittenen Kalbsnuß servieren.
Dazu: Erbsen, Pommes frites und Salat

Kalbsrücken auf bürgerliche Art

1 kg Kalbskeule oder Bug
80 g Speck
25 kleine Zwiebelchen
15 sehr kleine Karotten
1 Tasse grüne Erbsen
1 Handvoll grüne Bohnen
Salz
Pfeffer
2 Tomaten
1 Lorbeerblatt
Gewürzkörner
1 Msp. Paprika
Wasser
½ Tasse Weißwein
1 Tl. Mehl
Butter

Das Fleisch mit der Hälfte des Specks spicken, die Zwiebel grob hacken, die Karotten schaben und die Bohnen in schräge Stücke schneiden. Nun den Boden einer Kasserolle mit Speckscheiben auslegen und das gewürzte Fleisch, die verschiedenen Gemüse und Zwiebeln darüberschichten, die enthäuteten und feingehackten Tomaten sowie die Gewürze beifügen, zu einem Drittel mit heißem Wasser und Wein auffüllen, zugedeckt rasch aufkochen und danach langsam gar dünsten, dabei die Kasserolle öfter rütteln und nach Bedarf Wasser nachgießen, um ein Ansetzen zu vermeiden. 15 Minuten vor dem Ende der Garzeit etwas mit Butter

Tip

Um mitgekochte Lorbeerblätter leichter zu entfernen, gibt man sie in ein Tee-Ei.

verknetetes Mehl zugeben. Auf einer heißen Platte das aufgeschnittene Fleisch mit der Gemüsesauce übergießen und mit Speckwürfelchen garniert servieren.
Dazu: Salzkartoffeln

Kalbsrücken, garniert

1 kg Kalbsrücken
Salz
Pfeffer
4 El. Bratfett
Wasser oder Brühe
1 Tl. Mehl

An einem gehäuteten Rippenstück Niere und Fett belassen und mit Salz und Pfeffer einreiben, im heißen Fett allseitig anbraten und unter öfterem Nachgießen von Wasser oder Brühe in etwa 1 Stunde fertigbraten oder, wenn der Braten knuspriger werden soll, in der heißen Röhre braten. Aus

dem Bratfond mit Mehl und Brühe eine Sauce bereiten, das aus dem Knochen gelöste Fleisch in Scheiben aufschneiden, mit der blättrig geschnittenen Niere belegen und das in Butter gedünstete Gemüse wie Erbsen, Karotten, Bohnen oder Blumenkohl um das Fleisch legen.
Dazu: Kartoffelkroketten

Rahmschnitzel

4 Schnitzel vom Kalbsschlegel
Salz
2 El. Mehl
50 g Bratfett
4 El. saure Sahne
1/4 l Flüssigkeit
Zitronensaft
1 Prise Zucker
Tomatenmark

Das Fleisch klopfen, salzen und in Mehl gewendet 5 Minuten in heißem Fett auf beiden Seiten anbräunen, die saure Sahne zugießen, mit heißer Flüssigkeit nach und nach auffüllen und zugedeckt 20 Minuten gar dünsten; zur Verfeinerung die Sauce mit einer Prise Zucker, etwas Zitronensaft sowie Tomatenmark abschmecken.
Dazu: Bandnudeln oder Kartoffelpüree

Schnitzel, natur

4 Kalbsschnitzel
Bratfett
Salz
Pfeffer
Paprika
Zitrone

Die Schnitzel nur leicht klopfen, salzen, pfeffern und im heißen Fett auf beiden Seiten goldgelb braten, den Bratsatz mit wenig Wasser aufkochen und über die erst jetzt mit Paprika gewürzten Schnitzel gießen, diese mit Zitronenschnitzen garniert servieren.

Deutsches Beefsteak

500 g Hackfleisch
1 Zwiebel
1 Prise Pfeffer
1 Tl. Salz
2 El. Wasser
1 El. Mehl
Butter
3 El. Bratfett oder Öl

Das Hackfleisch mit der geriebenen Zwiebel, den Gewürzen, Mehl und Wasser vermischen, den Teig zu länglichen Laibchen formen, in deren Mitte eine Vertiefung drücken, eine Msp. Butter einfüllen und wieder zudrücken, in heißem Fett auf jeder Seite 3–5 Minuten braten, mit gerösteten Zwiebelringen belegt auf einer vorgewärmten Platte anrichten und mit der aus dem Bratsatz, etwas Mehl und Wasser sowie Gewürzen angerührten Sauce begießen.
Dazu: Kartoffelsalat oder Kartoffelpüree mit grünem Salat

Fleischhaschee

500 g gekochtes Rindfleisch oder Ochsenfleisch
1 Zwiebel
1 El. gehackte Petersilie
3 El. Butter
Salz
Pfeffer
Mehl
1 Tasse Fleischbrühe
Sherry
Sojasauce
Zitronensaft

Die gehackte Zwiebel und Petersilie in der Butter andünsten, das durch den Wolf gedrehte Fleisch dazugeben und schmoren lassen. Mehl darüberstäuben, mit der Brühe ablöschen und auffüllen, würzen und zugedeckt gut durchkochen, nach Belieben mit Sherry, Sojasauce und Zitronensaft abschmecken.
Dazu: Kartoffelbratlinge und Blattsalat

Fleischküchlein

500 g Hackfleisch
1 Ei
2–3 Brötchen
Salz, Pfeffer
1 gehackte Zwiebel
gehackte Petersilie
3 El. Butter oder Bratfett
1 El. Mehl
1 Tl. Sojasauce

Einen Fleischteig wie für Hackbraten bereiten und kleine runde Küchlein daraus formen. Diese entweder in heißem Fett in der Pfanne auf beiden Seiten braun braten oder in einer Kasserolle mit etwas Wasser abgelöscht und zugedeckt kurz dünsten lassen. Die Fleischküchlein anrichten und mit dem Bratfett oder mit einer aus dem Fett, den Zwiebeln, Mehl, Wasser und Sojasauce bereiteten Sauce übergießen.
Dazu: Bratkartoffeln mit Gemüse oder grüner Salat oder Kartoffelsalat

Gulasch vom Rind

500–750 g gut abgehangenes Rindfleisch
4 El. Bratfett
3 El. Bratfett
3 Zwiebeln
2 El. Mehl
Salz, Pfeffer
Paprika
Fleischbrühe
Tomaten

Die kleingeschnittenen Zwiebeln in heißem Fett hell anschmoren, das in mundgerechte Stücke geschnittene Fleisch und die Gewürze zugeben und durchbraten, bis das Fleisch nicht mehr roh aussieht, mit Wasser ablöschen und zugedeckt eine Stunde dünsten. Sind die Zwiebeln verkocht und die Brühe verdampft, das Mehl darübersieben, leicht anrösten, mit Wasser oder Fleischbrühe ablöschen, nach Belieben einige geschälte, würfelig geschnittene Tomaten zugeben und alles nochmals durchkochen.
Dazu: Teigwaren oder Brat- oder Salzkartoffeln

Tip

Wenn Gulaschreste übrig bleiben, läßt sich durch Zugabe von Wasser und Gewürzen eine köstliche Gulaschsuppe bereiten; eventuell mit Mehl dicken.

Gulasch nach Straßburger Art

200 g Ochsenfleisch
200 g Kalbfleisch
200 g Schweinefleisch
3–4 El. Bratfett oder Öl
2 Lorbeerblätter
1 Msp. Ingwerpulver
1 Glas Rotwein
1 El. Senf
Salz, Pfeffer

Die drei Fleischsorten getrennt voneinander in Würfel schneiden, in heißem Fett zuerst das Ochsenfleisch anbraten, etwas Wasser zugießen und zugedeckt halb weich dünsten, danach dann Kalb- und Schweinefleisch mit den Gewürzen zugeben, den Wein darübergießen und alles zugedeckt fertig schmoren.
Dazu: Spätzle

Gurkenbraten

500–750 g Rindfleisch
Salz, Pfeffer
25 g Speck
Essiggurken
Wurzelwerk
1/2 Zwiebel
6 El. Butter oder Öl
10 Pfefferkörner
1/2 Lorbeerblatt
Thymian
1 Prise Ingwer
Muskat
1 El. Mehl
Wasser
1/4 Tasse Rotwein
1/2 Tasse Sahne

Das gut abgehangene Fleischstück klopfen, mit Salz und Pfeffer einreiben und mit Gurken- und Speckstreifen spikken, auf kleingeschnittenes, in Fett angeschmortes Wurzelwerk und Zwiebel setzen, mit etwas Wasser ablöschen und zugedeckt halb weich dünsten, dabei mehrmals mit dem

eigenen Saft begießen, an der Seite im Bratfond das Mehl anrösten, mit Wasser und Wein ablöschen, Sahne und Gewürze beifügen, das Fleisch darin fertig schmoren und zum Anrichten die durchpassierte Sauce über das Fleisch gießen.
Dazu: Kartoffelpüree

Hackbraten

500 g Rinderhack oder gemischtes Hackfleisch
1 Ei
2–3 Brötchen
Salz
2 Zwiebeln
Petersilie
1 El. Mehl
Brösel
3 El. Fett

Eine gehackte Zwiebel und die Petersilie in etwas Fett anschmoren und die eingeweichten, ausgedrückten Brötchen kurz zugeben, mit dem Hackfleisch, Ei, Salz und Mehl gut verkneten, einen länglichen Laib formen, in Bröseln wenden und in heißem Fett sorgfältig auf beiden Seiten anbraten. Nun die zweite gehackte Zwiebel zugeben, alles nach einiger Zeit mit Wasser ablöschen und zugedeckt dünsten, im letzten Drittel der Zeit den Deckel abnehmen und das Fleisch knusprig braten oder unter öfterem Begießen etwa 1 Stunde unter den heißen Grill legen. Aus dem Bratfond mit dem Mehl und etwas Fleischbrühe oder Wasser und Sojasauce eine Sauce bereiten und zu dem aufgeschnittenen Hackbraten reichen oder über den gegrillten Braten Zwiebelbutter gießen.
Dazu: Salzkartoffeln mit Gemüse oder gemischtem Salat

Jäger-Eintopf

250–500 g Rindfleisch
6 El. Fett
250 g Zwiebeln
500 g Pilze
Salz, Pfeffer
1 El. gehackte Petersilie
1 kg Kartoffeln
1–2 Tassen Fleischbrühe

Das Fett zergehen lassen und die in Würfel geschnittenen Zwiebeln und das Fleisch darin anbraten. Die zugerichteten Pilze mit den Gewürzen zusetzen und alles etwa $1^1/_2$ Stunden zugedeckt dünsten. Von Zeit zu Zeit etwas Brühe nachgießen und umrühren. Die Kartoffelschnitze zugeben, mit Wasser auffüllen und fertig dünsten. Nach Belieben mit Mehl bestäuben oder mit einer Mehlschwitze übergießen.

Lendenbraten

750–1000 g von der Lende
Salz, Pfeffer
Paprika
4 El. Bratfett oder Öl
1 Zwiebel
1 enthäutete Tomate
1 Tasse saure Sahne
2 El. Mehl
$^1/_2$ Tasse Wein

Das gehäutete Fleisch mit Salz und Pfeffer einreiben, im heißem Fett zusammen mit der Zwiebel und der Tomate rasch anbraten, etwas Wasser zugeben und unter häufigem Begießen bei guter Hitze 30–40 Minuten, je nachdem, wie stark durchgebraten das Fleisch gewünscht wird, in der Röhre fertig braten. Aus dem Bratfond mit Mehl, Wein und Wasser sowie dem jetzt erst eingestreuten Paprika und der

sauren Sahne eine Sauce bereiten und über das in Scheiben geschnittene Fleisch gießen.
Dazu: Spätzle oder Nudeln mit Salatplatte

Ochsenschwanzragout

1 kg Ochsenschwanz
2 El. Bratfett
2 Zwiebeln
3 Karotten
2 Tomaten oder Mark
etwas Sellerieknolle
1 Glas Rotwein
1 Lorbeerblatt
1–2 Nelken
Salz, Pfeffer
Paprika
4 El. Mehl

Den Ochsenschwanz gliedweise in Stücke schneiden, diese etwa 5 Minuten in sprudelndem Salzwasser kochen und zum Abtropfen auf ein Sieb legen. Das geputzte Gemüse in Würfel schneiden, zusammen mit dem Fleisch in heißem Fett anbraten, mit dem Wein und etwas Brühe ablöschen, die Gewürze beifügen und zugedeckt in 2–3 Stunden weich schmoren. Aus dem Bratfond und Mehl eine mit Wein und Gewürzen abgeschmeckte Sauce bereiten, das Ragout in eine Schüssel füllen und mit der Sauce übergießen.
Dazu: Teigwaren oder Kartoffelpüree

Ochsenzunge in Kapernsauce

Für 6–8 Personen:
1 frische Ochsen- oder Rinderzunge
Wasser
Salz
Gewürzkörner
Wurzelwerk
Suppengrün
Kapernsauce

Die frische, küchenfertige Zunge in Salzwasser aufstellen und zusammen mit dem Suppengrün, Wurzelwerk und Gewürzen in etwa 3 Stunden weich kochen, aber zunächst nach dem ersten Aufkochen abschäumen. Die Zunge ist gar, wenn sie sich leicht durchstechen läßt und die weiße Haut an der Spitze leicht abzulösen geht. Die abgezogene Zunge in halb fingerdicke Scheiben schneiden und in ihre ursprüngliche Form auf einer Platte wieder zusammensetzen.
Dazu: Kapernsauce und Kartoffelkroketten

Paprika-Rinderbraten

750–1000 g mürbe Rinderlende
50 g Speck
Salz
5 Zwiebeln
4 El. Bratfett
1 El. Paprika
1 Tasse Wasser
1/2 Tasse saure Sahne
Paprikaschoten

Das Fleisch in Richtung der Fasern spicken, die in Würfel geschnittenen Zwiebeln im Fett goldgelb andünsten, das gesalzene Fleisch zugeben und von allen Seiten anbraten, Paprika darüberstreuen, mit dem Wasser ablöschen und zugedeckt gar dünsten. Ist alle Flüssigkeit verdampft, das Fleisch knusprig braten und auf heißer Platte anrichten. Nun den Bratfond mit der sauren Sahne anrühren, durchgeseiht über das Fleisch gießen und zuletzt streifig geschnittene, eingemachte grüne Paprikaschoten darüberstreuen.
Dazu: Grießnockerln und Salat

Pichelsteiner

700 g gut gelagertes Fleisch, Rind-, Schweine-, Hammelfleisch, gemischt
150 g Ochsenmark
1 kleiner Wirsing
200 g gelbe Rüben
100 g grüne Bohnen
300 g Kartoffeln
1 Sellerieknolle
1 Zwiebel
Petersilie
Salz, Pfeffer, Paprika
2 Tassen Fleischbrühe

Das Fleisch in Würfel schneiden und mit Gewürzen vermengen. Das Gemüse zurichten und in gleich große Stücke teilen. Den Boden einer gut schließenden Kasserolle mit Markscheiben belegen und lagenweise das gewürzte Fleisch und Gemüse darüberschichten. Mit der Brühe begießen und zugedeckt auf kleiner Flamme weich dünsten, dabei öfters rütteln, um ein Anbrennen zu verhüten.

Rinderrouladen

4 dünne Scheiben mageres Rindfleisch
Salz, Pfeffer
4 Scheiben Speck
1 gehackte Zwiebel
gehackte Petersilie
2 El. Senf
4 kleine Gewürzgurken
2 El. Bratfett
1 El. Mehl
Wasser oder Rotwein
2 El. Sahne

Die Fleischscheiben klopfen und mit Salz und Pfeffer einreiben, den in Würfel geschnittenen Speck mit der Zwiebel, Petersilie und dem Senf vermengt auf die Scheiben streichen, je eine kleine Gewürzgurke darauflegen und die Fleischscheiben aufrollen, mit Zwirn umwickeln oder mit

einer Rouladennadel halten. Nun die Rouladen in Mehl wenden, auf allen Seiten im heißen Fett anbraten, mit etwas Wasser oder Rotwein ablöschen und zugedeckt etwa 30 Minuten schmoren. Ist alle Flüssigkeit verdampft, die Rouladen im Bratsatz nochmals wenden und nach Entfernung des Fadens in eine heiße Schüssel legen. Nun den Bratfond mit Mehl, Sahne und Wasser zu einer Sauce kochen und diese über die Rouladen gießen.
Dazu: Kartoffelpüree mit grünem Salat

Tip

Grünen Salat erst kurz vor dem Anrichten salzen, da er sonst welkt und seine Zartheit verliert.

Sauerbraten

750 g Rindfleisch
1/2 Tasse Essig
1/2 Tasse Wasser
Salz, Pfeffer
1 Prise Zucker
1 Lorbeerblatt
2 Nelken
2 Zwiebeln
2 El. Fett
1 Markknochen
1 Tomate
Salz, Pfeffer
Mehl
Wasser

Das Rindfleisch in aufgekochtem Essig, Wasser, den Ge-

würzen und einer in Scheiben geschnittenen Zwiebel 2–3 Tage einlegen. Danach das abgetrocknete Fleisch zusammen mit dem Markknochen in heißem Fett anbraten, die zweite Zwiebel und die kleingeschnittene Tomate zugeben, alles mit der Beize ablöschen und zugedeckt etwa 1 Stunde dünsten. Zuletzt das Fleisch im Bratsatz nochmals wenden, damit es allseitig schön fett ist, aufschneiden und auf einer vorgewärmten Platte auflegen. Aus dem Bratfond mit Mehl und reichlich Wasser eine Sauce bereiten, nach Geschmack noch etwas Essig oder Zitronensaft, Zucker, Salz, etwas Sahne oder Wein und ein Stückchen frische Butter beifügen, die Sauce durchseihen und über den Sauerbraten gießen oder gesondert reichen.
Dazu: rohe oder gekochte Kartoffelklöße, Kartoffelpüree, Teigwaren oder Spätzle

Schmorbraten

750 g mürbes Lendenfleisch
Salz, Pfeffer
2 El. Bratfett oder Öl
1 Markknochen
1 Zwiebel
1 Tomate
1 El. Mehl
Wasser oder Fleischbrühe

Das Fleisch mit Salz und Pfeffer einreiben und im heißen Fett zusammen mit dem Knochen anbraten, die in Würfel geschnittene Zwiebel und Tomate zugeben, mit Wasser ablöschen und auf kleiner Flamme zugedeckt $1\frac{1}{2}$–2 Stunden schmoren, von Zeit zu Zeit wenden und etwas Wasser nachgießen, danach den fertigen Braten auf eine heiße Platte legen. Nun aus dem Bratfond mit dem Mehl und etwas

Wasser oder Fleischbrühe eine Sauce bereiten, durchseihen und über das Fleisch gießen oder gesondert dazu reichen. Nach Belieben kann der Braten auch gespickt und der Sauce etwas Sahne untergerührt werden.
Dazu: Salzkartoffeln mit Gemüse oder Teigwaren mit grünem Salat

Siedefleisch

750 g flache Rippe
Bug oder Brustkern vom Ochsen
Salz, Pfeffer
Suppengrün
1 Tomate
Safran
Suppenwürze
Schnittlauch
gehackte Petersilie

Die Knochen, das Suppengrün und die Tomate in 2 Liter kaltem Salzwasser aufstellen und zum Kochen bringen, das vorbereitete Fleisch in diese Brühe legen und zugedeckt etwa 2 Stunden langsam kochen oder im Dampftopf in etwa 30 Minuten garen. Danach mit Safran goldgelb färben, mit Suppenwürze abschmecken, vor dem Anrichten das Fleisch in Scheiben schneiden, Salz, Pfeffer, gehackte Petersilie und Schnittlauchröllchen darüberstreuen und etwas von der durchgeseihten Brühe dazugießen.
Dazu: Bratkartoffeln mit Meerrettichsauce und Salatplatte

Überbackener Tafelspitz

500 g Tafelspitz oder Tafelstück
Salz, Pfeffer aus der Mühle
1 Lorbeerblatt
je 100 g Sellerie, Petersilwurzel und Karotten
eine mittlere Zwiebel
einige Zweige Liebstöckel
40 g Öl
1 Tl. Speisestärke
$1^1/_4$ l fertige, kräftige Rindsuppe
200 g Mozarella-Käse
eine Butterflöckchen
ein Spritzer Worcestersauce
Backpapier für das Blech
Petersilie zum Garnieren

Sellerie, Petersilwurzel und Karotten waschen, schälen und in kleine Würfel schneiden; Zwiebel grob hacken; Liebstökkel waschen und auf Kückenkrepp trockentupfen. Das Rindfleisch von Fett und Sehnen befreien, mit dem Lorbeerblatt belegen und mit Küchenspagat binden und mit Salz und Pfeffer aus der Mühle einreiben. Das Öl in einer Kasserolle erhitzen und das Fleisch einlegen; rundum zu schöner Farbe braten, herausnehmen und warmstellen.
Im Bratrückstand Zwiebel, Wurzelwerk und Speisestärke hell rösten; den Braten einlegen und mit der Suppe aufgießen; eine Stunde mehr ziehen als kochen lassen, Liebstöckel beifügen und weitere zwei Stunden ziehen lassen; wenn nötig, mit noch etwas Suppe aufgießen; das Fleisch aus dem Topf nehmen, von Spagat und Lorbeerblatt befreien und entspannen lassen. Das Liebstöckel aus der Suppe nehmen, diese mit Worcestersauce würzen und auf die Hälfte einkochen lassen. Den Braten in Scheiben schneiden und portionsweise auf ein mit Backpapier ausgelegtes Backblech geben, mit dünnen Mozarellascheiben und Butterflöckchen belegen und bei 230° C etwa 10 Minuten lang überbacken. Den Tafelspitz auf vorgewärmten Tellern mit der gut eingekochten Suppe anrichten und mit Petersilie garnieren.

Tellerfleisch mit Meerrettich

1 kg Ochsenfleisch
1 Bund Suppengrün
pro Portion 2 El. geriebenen Meerrettich
1 Zwiebel
etwas Senf
Schnittlauch

Das Fleisch in einen Suppentopf mit kochendem Wasser aufstellen, abschäumen, das Suppengrün und die mehrmals eingeschnittene Zwiebel zugeben und alles auf kleiner Flamme 2 Stunden kochen. Zum Anrichten das in Scheiben geschnittene Fleisch auf ein Holzbrett legen und mit Schnittlauchröllchen garnieren.
Dazu: Meerrettich, Salzkartoffeln oder Kartoffelsalat

Topfbraten

750 g Rippenstück vom Rind
Salz, Pfeffer
Mehl
1 Tasse Salzspeckwürfel
8 Karotten
8 kleine Kartoffeln
2–3 El. Butter

Das Fleisch mit Salz und Pfeffer einreiben und in Mehl wälzen, die Speckwürfel auslassen und das Rippenstück darin beidseitig anschmoren, danach mit ½ Tasse heißem Wasser in eine Kasserolle legen und zugedeckt langsam weich dünsten, nach Bedarf weiteres Wasser zugießen und das Fleisch ab und zu wenden. Die geschabten und in Scheibchen geschnittenen Karotten sowie die geschälten und in Schnitze zerteilten Kartoffeln getrennt in Salzwasser weich kochen, abtropfen lassen und auf einer heißen Platte mit Salz bestreut und mit zerlassener Butter übergossen um das Fleisch herum anrichten und mit Petersilie garnieren.

Zungenfrikassee

500 g gekochte Zunge
3 El. Butter
1 feingehackte Zwiebel
2 El. Mehl
Zungenbrühe
2 Zitronenscheiben
Muskatblüte
Pfeffer
1 Glas Weißwein
1 Ei

Die Zwiebel in Butter dünsten, das Mehl zugeben und anschwitzen, mit Zungenbrühe ablöschen, auffüllen und einkochen, bis die Sauce sämig ist, nun die entkernten Zitronenscheiben, den Wein, die Gewürze mit den Zungenwürfeln beifügen und durchkochen, zuletzt mit Eigelb legieren.
Dazu: Reis

Tip

Reis schmeckt viel besser, wenn er statt in Wasser in Gemüse- oder Fleischbrühe gekocht wird.

Zwiebelfleisch

Reste von Siedefleisch
1–2 El. Bratfett
1 kleingeschnittene Zwiebel
Salz, Pfeffer
4 Eier
gehackte Petersilie

Das Fleisch in dünne Scheiben schneiden, würzen und zusammen mit der Zwiebel in heißem Fett auf beiden Seiten anbraten, nach Belieben Spiegeleier darüberschlagen oder die Fleischstücke in Teig tauchen und herausbacken oder mit der Zwiebel fertig schmoren lassen. Mit gehackter Petersilie bestreut auf heißer Platte anrichten.
Dazu: Kartoffelpüree

Bratwürste in Blätterteig

450 g fertiger Blätterteig
300 g Bratwurstbrät
Mehl
4 El. Butter
1 Ei

Den Blätterteig gut messerrückendick ausrollen und in 8 × 6 cm große Stücke teilen, das Wurstbrät zu 6 cm langen und 3 cm dicken Stücken formen, in Mehl wälzen und in Butter braten, auf den Teig legen und einrollen, zuletzt die Enden zusammendrücken und mit verquirltem Ei bestrichen in der heißen Röhre backen.

Eisbein

750 g Eisbein
$1^1/_2$–2 l Wasser
1 El. Salz pro $^1/_2$ l Wasser
1 Lorbeerblatt
1 Bund Kräuter
1 Zwiebel

Das noch ungepökelte Fleisch in Salzwasser einlegen, herausnehmen, abwaschen und in frischem kalten Wasser zusammen mit den Gewürzen und der Zwiebel aufsetzen und weich kochen.
Dazu: Sauerkraut und Kartoffeln oder Erbsenpüree

Falscher Hase

500 g gemischtes Hackfleisch
1 Ei
2 Brötchen
Salz
Pfeffer
1 gehackte Zwiebel
gehackte Petersilie
1 El. Mehl
Brösel
3 El. Fett
1 Tl. Mehl
1 Tl. Fleischextrakt

Die Zwiebel mit der Petersilie in wenig Fett dünsten, die eingeweichten und ausgedrückten Brötchen beifügen und ausdämpfen lassen, zusammen mit dem rohen Ei, den Gewürzen und dem Mehl zum Hackfleisch geben, gut damit verkneten und einen Stollen formen, diesen in Brösel wenden und in einer heißen, gefetteten Kasserolle auf allen Seiten anbraten, etwas Wasser zugießen und zugedeckt weich dünsten. Zuletzt den Deckel abnehmen, die Flüssigkeit verdampfen lassen, bis das Fleisch knusprig geworden

ist. Aus dem Bratsatz mit Mehl, etwas Brühe oder Wasser und dem Fleischextrakt eine Sauce bereiten.
Dazu: Kartoffelpüree und Gemüse

Fleischsülze

Je 1 Schweine- und Kalbsfuß
125 g Rindfleisch
4 l Wasser
Suppengrün
1 Lorbeerblatt
1 Nelke
1 Eiweiß
Eierschale
Zitronensaft
1/2 Tasse Weißwein
Salz
Pfeffer
1 gekochtes Ei
Essiggürkchen
Tomaten- und Karottenscheiben

Den Schweine- und den Kalbsfuß, das Rindfleich, das Suppengrün und die Gewürze im Wasser kalt aufstellen und unter häufigem Abschäumen 3–4 Stunden kochen. Danach alles vom Feuer nehmen, die Brühe durchseihen, das Fleisch von den Knochen lösen und in Streifen schneiden, nach dem Erkalten die Brühe entfetten und wieder flüssig machen, mit Zitronensaft, Wein und Salz abschmecken, den Eierschnee und die zerdrückte Eierschale zugeben und unter ständigem Schlagen zum Kochen bringen, aber sofort wieder vom Feuer nehmen und zugedeckt 10 Minuten stehen lassen, dann durch ein sauberes Tuch oder Säckchen laufen lassen, eine große Form oder Portionsförmchen mit kaltem Wasser ausspülen, etwa 1 cm hoch mit der Sülze füllen und erkalten lassen, mit den Eierscheiben, den geschnittenen Essiggürkchen, dem Gemüse und den Fleischscheiben auffüllen und zuletzt so viel Sülze darüber-

gießen, daß die Füllung ganz bedeckt ist, zum Erstarren wieder kalt stellen, vor dem Stürzen die Form kurz unter heißes Wasser halten, den Rand leicht lösen und die fertige Sülze auf eine kalte Platte setzen.
Dazu: Bratkartoffeln

Kasseler Rippenspeer

750 g geräuchertes Rippenstück
1 Zwiebel
1 Tomate
1 kleines Stück Sellerieknolle
1 El. Butter
1 kleine Trüffel
1 El. Mehl
$^1/_2$ Tasse saure Sahne
Würze

Das gewaschene Fleisch mit Zwiebel, Tomate, Sellerie, Butter, Trüffel und etwas Wasser aufsetzen und zugedeckt etwa $1^1/_2$ Stunden dünsten, bis das Wasser verdampft ist, danach den Rippenspeer auf jeder Seite im Fett anbraten, herausnehmen und heiß stellen. Aus dem Bratfond mit Mehl und Was-

ser eine Sauce bereiten, mit saurer Sahne und Würze abschmecken und durchgeseiht zum Fleisch reichen.
Dazu: Petersilienkartoffeln mit Grünkohl oder Kartoffelpüree mit Salat

Schinken im Brotteig

1 ganzer geräucherter Schinken oder 1 Schinkenstück
fertiger Brotteig
frische oder getrocknete Kräuter wie Thymian
Majoran
Estragon
Melisse
Schnittlauch und Basilikum

Den Schinken über Nacht in Wasser legen, anderntags mit Weizenkleie und Wasser gut waschen und abtrocknen. Den Brotteig in doppelter Größe des Schinkens nicht zu dünn ausrollen, mit den gehackten Kräutern bestreuen, den Schinken von allen Seiten in den Teig einschlagen und auf einem mit Mehl bestäubten Blech in der heißen Röhre je nach Größe in 2½ bis 3 Stunden backen. Auf einem großen Holzbrett den Schinken mit der Brotkruste in Scheiben geschnitten anrichten.
Dazu: Sauerkraut und Erbsenpüree

Schweinebraten

500–750 g Schweinehals oder Bug
Salz
Pfeffer
1 Tasse Wasser
1 Zwiebel
1 Tomate
1 Tl. Mehl

Das Fleisch mit Salz und Pfeffer einreiben, nach Geschmack eine Spur Knoblauchpulver dazugeben, mit Zwiebel und Tomate in kochendem Wasser zugedeckt auf beiden Seiten dünsten, bis das Wasser eingekocht ist und das Fleisch im eigenen Saft schmort; falls es noch nicht ganz gar ist, Wasser nachgießen und fertig schmoren; nun den Deckel abnehmen und auf allen Seiten knusprig braten. Aus dem Bratfond mit Mehl eine Sauce bereiten, mit etwas Wasser auffüllen und durchseihen, den auf vorgewärmter Platte angerichteten Braten aufschneiden und mit der Sauce übergießen.
Dazu: Salzkartoffeln und Salat oder Kartoffelklöße

Schweinefilet

500 g Schweinefilet
Salz
Pfeffer
2 El. Bratfett
1 Zwiebel
1 Tomate
1 El. Mehl
Brühe oder Wasser
1 El. saure Sahne

In fingerdicke Scheiben geschnittene Filets leicht klopfen und würzen, im heißen Fett zusammen mit Zwiebel und Tomate auf beiden Seiten anbraten und auf einer heißen Platte warm stellen. Aus dem Bratsatz und Mehl eine Sauce bereiten, mit Fleischbrühe oder Wasser ablöschen, auffüllen, nach Belieben mit etwas Wein abschmecken, die saure Sahne zugeben und durchgeseiht über die Filets gießen.
Dazu: Butterreis, Nudeln und Salat

Schweinefleisch, gekocht

750 g Bauchlappen
Suppengrün
Salz
Pfeffer
Wasser

Das vorbereitete Fleisch würzen und entweder zusammen mit dem Suppengrün in kochendem Wasser zusetzen oder in Sauerkraut aufsetzen und etwa $1^{1}/_{2}$ Stunden darin weich kochen.
Dazu: Kartoffel- oder Erbsenpüree

Schweinefüße mit Sauerkraut

2 gespaltene Schweinefüße
$1^{1}/_{2}$ kg Sauerkraut
Salz
Pfeffer
Wasser
1 Zwiebel
Pfefferkörner
1 rohe Kartoffel

Tip

Geriebene rohe Kartoffeln so lange in kaltem Wasser belassen, bis man sie verwendet, da sie sich sonst braun verfärben.

Die Schweinefüße brühen, mit Sauerkraut, Gewürzen und Zwiebel knapp mit Wasser bedeckt aufsetzen und etwa 3 Stunden weich kochen, zuletzt mit der geriebenen Kartoffel binden.
Dazu: Leberknödel und Kartoffelpüree

Schweinekarree

500–1000 g Rückenstück vom jungen Schwein
Salz
Pfeffer
1 Zwiebel
1 Tomate
1 Tasse Wasser
1/2 Tasse Sauermilch oder saure Sahne
1 Tl. Mehl

Das Fleisch mit Salz und Pfeffer einreiben und mit scharfem Messer Vierecke in die Schwarte einkerben, zusammen mit Zwiebel und Tomate in kochendem Wasser kurze Zeit zugedeckt dünsten, danach in die heiße Röhre stellen und unter häufigem Begießen fertig braten, zuletzt mit Sauermilch oder saurer Sahne übergießen und auf vorgewärmter Platte in Scheiben geschnitten anrichten. Aus dem Bratfond mit dem Mehl eine Sauce bereiten und durchgeseiht zum Braten reichen.
Dazu: Bandnudeln oder Kartoffelsalat mit grünem Salat

Schweinekoteletts mit gebratenen Äpfeln

4 Schweinekoteletts
2 El. Bratfett
2 Äpfel
Salz
Pfeffer

Die Schweinekoteletts unpaniert goldbraun braten und auf einer heißen Platte anordnen, danach die 1 cm dicken Apfelscheiben in dem in der Pfanne verbliebenen Bratfett goldgelb rösten und die Koteletts damit umlegen.
Dazu: Kartoffelschnee

Schweinelende

1 Schweinelende
Salz
Pfeffer
Mehl
3 El. Bratfett
1/4 Tasse Wasser
1 Tl. Fleischextrakt

Die Lende von Haut und Fett befreien, leicht klopfen und mit Salz und Pfeffer einreiben, in Mehl wenden und etwa 10 Minuten allseitig braten. Aus dem Bratfond, Mehl und mit Wasser verdünntem Fleischextrakt oder aus Fleischglace eine Sauce bereiten. Die Lenden in Scheiben geschnitten auf einer heißen Platte anrichten und mit der Sauce übergießen.
Dazu: Neue Kartoffeln und Gurkensalat

Schweinenieren mit Speck

500 g Schweinenieren
75 g Speck
1 große Zwiebel
1Tl. Stärkemehl
Salz
Pfeffer
1 Tasse Wasser
1 El. Sojasauce

Die Nieren auf dem Rost über die Fettpfanne legen und mit Zwiebelscheiben belegt 3 Minuten bei guter Hitze grillen, dann den in dünne Scheiben geschnittenen Speck darüberlegen und weitere 3 Minuten bei gleicher Hitze grillen, mit heißem Wasser begießen und noch einige Zeit im Ofen ziehen lassen; danach die Nieren salzen und auf eine heiße Platte legen. Aus dem Bratfond mit in Wasser angerührtem Stärkemehl eine Sauce bereiten, mit den Gewürzen abschmecken und zu den Nieren servieren.
Dazu: Kartoffeln oder Reis mit Salat

Schweineragout

750 g Schweinefleisch
1/2 Tasse Essig
1/2 Tasse Wasser
1 Zwiebel
1 Lorbeerblatt
1 Nelke
2 El. Fett
4 El. Mehl
1/2 Tasse Wein
Zitrone

Essig, Wasser und Gewürze aufkochen, über das Fleisch gießen und einige Tage stehen lassen. Aus Fett und Mehl eine braune Mehlschwitze bereiten und mit einem Teil der Essigbeize ablöschen, nun das in Würfel geschnittene Fleisch und die ganze Zwiebel zugeben und etwa 40 Minuten kochen lassen, die Zwiebel herausnehmen und die Sauce mit Wein und Zitrone abschmecken.
Dazu: gekochte Kartoffelklöße oder Teigwaren

Schweinerippenstück

750–1000 g Schweinerippenstück ohne Rückgratknochen
Salz
Pfeffer
2 gehackte Zwiebeln
4 El. Bratfett oder Öl
1 Tl. Mehl
1 Tasse Wasser

Das Fleisch von allen Seiten mit Salz und Pfeffer einreiben und zusammen mit Zwiebeln und Fett in der heißen Röhre unter häufigem Begießen gar braten. Im Bratsatz Mehl anrösten, mit Wasser ablöschen und auffüllen, nach Geschmack nachwürzen und durchgeseiht zum aufgeschnittenen Fleisch reichen.
Dazu: Bayrisch-Kraut und Salzkartoffeln

Schweinerollbraten

750–1000 g Schweineschlegel ohne Knochen
Salz
gemahlener Kümmel
4 El. Fett
1 kleine gehackte Zwiebel
1 Scheibe Sellerie
1 Tl. Meerrettichsenf
1 El. Mehl
Wasser

Das Fleisch mit Salz und Kümmel einreiben, aufrollen und mit Zwirn umwickeln, in heißem Fett mit Zwiebel, Sellerie und Senf $1\frac{1}{2}$ Stunden braten und etwas Wasser zugeben. Ist das Wasser verdunstet und das Fleisch gar, im eigenen Saft knusprig braten, auf heißer Platte aufgeschnitten anrichten und mit einer Sauce aus dem Bratfond, Mehl und Wasser übergießen.
Dazu: gekochte Kartoffelklöße

Tip

Meerrettichsenf kann man selbst herstellen; man reißt Meerrettich und vermischt ihn gut mit mittelscharfem Senf.

Schweineschlegel mit Brotkruste

1 kg Schweineschlegel
Salz
Pfeffer
2 geschnittene Zwiebeln
1 Tasse Wasser
1/2 Tasse Essig
3 El. Butter
Brösel
Mehl

Das gehäutete Fleisch mit Salz und Pfeffer einreiben, in einer Kasserolle Wasser und Essig zum Kochen bringen, das Fleisch mit den Zwiebeln einlegen und in etwa 2 Stunden unter öfterem Begießen und Wenden weich braten. Danach herausnehmen, mit Butter bestreichen und messerrückendick mit Bröseln bestreuen und in der heißen Röhre überbacken, bis sich eine goldbraune Kruste gebildet hat. Mit etwas Wasser und Mehl aus dem Bratsatz eine Sauce zubereiten.
Dazu: Krautsalat

Schweineschnitzel, natur

4 Schweineschnitzel
Salz
Pfeffer
1 geschnittene Zwiebel
1–2 El. Bratfett

Die Schnitzel leicht klopfen und gesalzen und gepfeffert im heißen Fett zusammen mit der Zwiebel auf jeder Seite rasch anbraten und zugedeckt noch 5 Minuten auf kleiner Flamme ziehen lassen.
Dazu: Salzkartoffeln und Gemüse

Schweineschnitzel, paniert

4 dünne Schweineschnitzel
Salz
Mehl
1–2 Eier
1–2 El. Milch
1/2 El. Öl
Semmelbrösel
Backfett
Zitrone
Petersilie

Die Schnitzel feucht abreiben, gut abtrocknen, leicht klopfen, den Rand und die Muskelfasern etwas einschneiden, salzen, mit Mehl bestäuben, in die mit den Eiern verquirlte Milch tauchen, danach in Bröseln wälzen und im heißen Fett ausbacken. Auf einer heißen Platte die Schnitzel anrichten und mit Zitronenschnitzen und Petersiliensträußchen garnieren.
Dazu: Bratkartoffeln oder Kartoffelpüree und Salat

Schweineschnitzel mit Salbei

4 Schweineschnitzel
Salz
Pfeffer
2 El. Bratfett
Salbeiblätter
1/2 Zitrone

Die Schnitzel leicht klopfen, mit Salz und Pfeffer einreiben, mit Butter bestreichen und zu Rouladen aufwickeln, mit Salbeiblättern umbinden und im heißen Fett auf allen Seiten knusprig braten und mit Zitronenscheibchen garniert servieren.
Dazu: Petersilienkartoffeln

Schweinsgulasch

1 kg Schweineschulter
400 g kleingewürfelte Zwiebeln
150 g gewürfelter Speck
1 Tl. Paprika
1 Tl. Kümmel
Salz
1 El. Tomatenmark
2 El. Mehl

Die Speck- und Zwiebelwürfel goldgelb rösten, das in mundgerechte Stücke geschnittene Fleisch zugeben und so oft wenden, daß es nicht mehr roh aussieht, die Gewürze beifügen, mit Wasser aufgießen, bis das Fleisch davon knapp bedeckt ist und alles bei mittlerer Hitze zugedeckt weich schmoren – falls erforderlich, noch etwas Wasser nachgießen. Ist das Fleisch gar, im Fettsatz nachbräunen, dünn Mehl überstäuben, wenden und anrösten, zuletzt soviel Wasser zufügen, wie Sauce gewünscht wird.
Dazu: Klöße oder Salzkartoffeln

Schweinshaxe, gebraten

1 Schweinshaxe
Salz
Pfeffer
Bratfett

Die gewaschene, abgetrocknete Schweinshaxe mit Salz und Pfeffer einreiben, auf allen Seiten anbraten, etwas Wasser zugeben und im Backrohr etwa 1½ Stunden braten, dabei mehrmals wenden und mit dem eigenen Saft übergießen, zuletzt mit etwas Salzwasser bepinseln, damit die Haxe eine knusprige Kruste bekommt.
Dazu: Erbsenpüree und Salat

Spanferkel

Für 8–10 Personen:

1 Spanferkel
Salz
Pfeffer
gemahlener Kümmel
¼ l Bier
100 g Speck

Das küchenfertige Spanferkel innen mit Salz, Pfeffer und Kümmel ausreiben, Ohren und Schwänzchen mit Pergamentpapier umhüllen, auf ein Blech setzen und 2–3 Stunden, unter häufigem Bestreichen mit einem in Bier eingetauchten Speckstück, in mäßig heißer Röhre braten. Damit sich keine Blasen bilden, die Schwarte öfters einstechen, den Bratsatz mit Wasser aufkochen, nach Geschmack würzen und als Sauce reichen.
Dazu: Krautsalat und Salzkartoffeln

Wellfleisch

750 g Schweinebauch oder -schulter
1 Bund Suppengrün
Salz
Pfeffer
Wasser

Das Schweinefleisch kochendem Salzwasser mit Suppengrün zugeben und in 1½ Stunden weich kochen. Das Fleisch kann nach Geschmack auch im Kraut weich gekocht werden, wobei das Fett zum Kraut wegfallen sollte.
Dazu: Salzkartoffeln

Hammelbraten nach Bierbrauer-Art

500–600 g Hammelkoteletts oder Keule
Salz
Pfeffer
50 g Bratfett
½ l dunkles Bier
1 Msp. Mehl
Wasser
1 Schuß Essig
1 El. Kapern
Muskat
Salz
Pfeffer
1–2 Eigelb
3–4 El. Sahne

Die Koteletts oder das Fleisch in 4 Stücke schneiden, würzen, in einer Pfanne mit erhitztem Fett anbraten, nach und nach das Bier zugießen und alles etwa 45 Minuten schmoren lassen, danach das Fleisch auf heißer Platte warm stellen. Im Bratfond das Mehl anrösten, mit etwas Wasser aufkochen, mit Essig, Muskat und den Kapern abschmecken

und erst kurz vor dem Servieren mit der Sahne und dem verquirlten Eigelb legieren.
Dazu: Teigwaren

Tip

Teigwaren in reichlich Salzwasser kochen, dem etwas Öl zugesetzt ist, dadurch klebt nichts zusammen.

Hammelbug nach Bauernart

$1\frac{1}{2}$ kg Hammelbug
1 El. gehackte Zwiebel
2 gehackte Knoblauchzehen
1 El. gehackte Petersilie
Salz
Pfeffer
6 El. Bratfett
10 rohe Kartoffeln
250 g grobgeschnittene Zwiebeln
Brühe oder Wasser

Den ausgebeinten Hammelbug mit Zwiebel, Knoblauch, Petersilie, Pfeffer und Salz bestreichen, aufrollen und mit Zwirn umwickelt halten, im heißen Fett anbraten, wenig Wasser zugießen und zugedeckt 30 Minuten dünsten. Nun die in dicke Scheiben geschnittenen Kartoffeln mit den Zwiebelstücken zugeben, die Brühe beifügen und unter häufigem Begießen in der heißen Röhre fertig braten, falls sich ein Fettüberschuß gebildet hat, diesen abschöpfen. Den Braten auf einer heißen Platte mit Zwiebeln und Kartoffeln umrandet und mit Sauce übergossen anrichten.

Hammelfleisch mit grünen Bohnen und Kartoffeln

750 g Hammelfleisch
600 g grüne Bohnen mit
600 g Kartoffeln
1/2 l Bouillon oder 1 Brühwürfel
1/2 l Wasser
Salz, Pfeffer

In gut schließenden Topf abwechselnd Kartoffelscheiben, Fleischwürfel und in Stücke gebrochene Bohnen einschichten, salzen, pfeffern, mit Bouillon aufgießen und fest verschlossen 1 bis 1 1/2 Stunden, je nachdem, ob das Fleisch zarter oder fester ist, dämpfen.

Hammelkeule nach Wildbretart

1 kg Hammelkeule
Speck
Salz
Pfeffer
1/2 Fl. Rotwein
1/2 Fl. Essig
2 Zwiebeln
1/2 Karotte
etwas Sellerie
1 Knoblauchzehe
1 Lorbeerblatt
2 Nelken
5 Pfefferkörner
5 Wacholderbeeren
1 Tl. Majoran
4 El. Bratfett
1 Tl. Mehl
1 Tasse saure Sahne

Die von Haut und Fett befreite Hammelkeule spicken und

würzen, aus den angegebenen Zutaten eine Marinade bereiten, aufkochen und heiß über die Keule gießen, diese damit bedeckt 3 Tage lang bei mehrmaligem Umwenden ziehen lassen. Das abgetrocknete Fleisch auf allen Seiten im heißen Fett anbraten und mit einem Teil der Marinade aufgießen, Zwiebeln und Kräuter beifügen und zugedeckt in etwa 1½ Stunden unter öfterem Begießen gar dünsten, aber in der letzten halben Stunde der Garzeit aufgedeckt schmoren lassen und die Sahne zugießen. Ist die Keule braun und knusprig, herausnehmen und auf einer heißen Platte anrichten. Nun das Mehl im Bratsatz anrösten und mit Marinade oder, wenn weniger Schärfe gewünscht wird, mit Wasser aufgießen und die Sauce durchgeseiht zum Fleisch reichen. Dazu: Salzkartoffeln

Hammel-Rüben-Eintopf

500 g Hammelrippchen
750 g Rübchen oder weiße Rüben
Salz, Paprika, Ingwer
2 El. Butter
2 Tomaten
4 El. Mehl
2 Tassen Fleischbrühe

Die Rüben zurichten und in Salzwasser 15 Minuten kochen. Die Hammelrippchen mit den Gewürzen einreiben und zusammen mit den enthäuteten Tomaten in der Butter anbraten. Die abgetropften Rüben zugeben. Aus dem Mehl, etwas Butter, der Brühe und den Gewürzen eine Sauce bereiten, über die Rüben gießen und noch etwa 1 Stunde zugedeckt dünsten.

Hammelrücken

1 kg Hammelrücken
Pfeffer
Salz
1 Knoblauchzehe oder fein-gehackte Minze
Öl
2 El. Bratfett
1 gehackte Zwiebel
Hammelknochen
Pfeffer
Salz
1 Msp. Mehl

Beim Metzger vom Rückenstück die Knochen entfernen lassen, das Fleisch von allen Seiten würzen, mit Knoblauch oder Minze einreiben, mit Öl bestreichen, auf den heißen Rost legen, eine Fettpfanne mit etwas Wasser unterschieben und allseitig goldbraun braten, aus den übrigen Zutaten eine Sauce bereiten und zum Braten reichen.
Dazu: Gemüse oder Salat

Lammbrust, gefüllt

1 kg Lammbrust
Salz
Pfeffer
2 El. Butter
1–2 Eigelb
1 El. Pistazien
150 g Lamm- oder Kalbfleisch
1 Prise Gewürzmischung
Salz
1 El. Butter
$1^1/_2$ El. Mehl
Milch
4 El. Bratfett
Wasser oder Fleischglace

Die Lammbrust vorbereiten und würzen wie Kalbsbrust. Für die Füllung Butter und Eigelb schaumig rühren, mit geschälten und halbierten Pistazien, durch den Wolf gedrehtem Lamm- oder Kalbfleisch und den Gewürzen vermengen, dann aus Mehl und Butter eine helle Mehlschwitze bereiten, mit etwas Milch ablöschen, auffüllen und zu einer dicken Sauce verkocht unter die Farce mischen, damit die Lammbrust füllen und zunähen. Nun im heißen Fett auf allen Seiten anbraten, Wasser zugießen und zugedeckt weich dünsten, zuletzt im eigenen Bratsatz knusprig braten, mit frischer Butter und Wasser oder Fleischglace aus dem Bratfond eine Sauce kochen und nach Geschmack würzen. Dazu: Kartoffeln mit grünem Salat und Kompott

Lammkeule mit Petersilie

1 Lammkeule
2 El. Bratfett
Salz
Pfeffer
1/4 l Wasser
1/2 Tasse Brösel
1 El. gehackte Petersilie
Zitrone
Brunnenkresse

Tip

Den Bratfond kann man nach Belieben mit etwas Mehl eindicken, dadurch wird er sämiger.

Die gewürzte Keule mit Fett bestreichen, auf den heißen Rost legen, die mit Wasser gefüllte Fettpfanne unterschieben und bei guter Hitze das Fleisch braten, zuletzt mit Bröseln und Petersilie bedeckt zurück in die heiße Röhre stellen und bei Oberhitze bräunen; den Bratfond aus der Pfanne als Sauce reichen und die Keule auf einer vorgewärmten Platte angerichtet mit Zitronenschnitzen und Brunnenkresse garnieren.
Dazu: Kartoffeln

Aal, Berliner Art

1500 g Aal
2 l Wasser
2 Zwiebeln
1/4 Knolle Sellerie
1 Karotte
2 Lorbeerblätter
Gewürzkörner
Salz
80 g Butter
40 g Mehl
1/8 l Sahne
3 Eigelb
Dill
Pfeffer

Zwiebeln, Sellerie und Karotte klein geschnitten zusammen mit den Gewürzen 15 Minuten lang kochen lassen, den abgezogenen Aal in 10 cm lange Stücke schneiden, 15 Minuten in der Brühe ziehen lassen, herausnehmen und warm stellen. Aus Butter und Mehl eine helle Mehlschwitze bereiten, mit 3/8 l Aalbrühe ablöschen und 10 Minuten durchkochen, mit Sahne und verquirltem Eigelb legieren, nach Geschmack würzen und gehackten Dill einstreuen, zuletzt die Aalstücke einlegen.

Barben, gebacken

1 kg Barben
Butter oder Olivenöl
Salz, Pfeffer
Mehl

Die vorbereiteten Barben in 3 Finger breite Scheiben schneiden, die größeren Stücke noch spalten, waschen, abtrocknen, würzen und in Mehl wenden, in heißer Butter oder Öl schnell knusprig backen, mit Zitronenschnitzen garniert anrichten.
Dazu: Kartoffelsalat

Hechtschnitte in Bierteig

$^3/_4$ kg Hecht
Salz
Zwiebel
Petersilie
Für den Bierteig:
Mehl
Salz
$^1/_2$ Tasse Bier
$^1/_2$ El. Öl
1 Eigelb
$1^1/_2$ Eiweiß
Backfett

Den küchenfertigen Hecht in Scheiben schneiden, salzen und mit blättrig geschnittener Zwiebel und Petersilie belegt ziehen lassen.
Aus Mehl, Salz, Bier, Öl und Eigelb einen Teig bereiten, $^1/_2$ Stunde ruhen lassen, nun den Eierschnee unterziehen und die gut durchzogenen Fischscheiben in den Teig tauchen, bis sie allseitig davon umhüllt sind; im heißem Backfett schwimmend herausbacken.
Dazu: Remoulade

Heringsfilets nach Hausfrauenart

4 Salzheringe
3/8 l saure Sahne
1 feingeschnittene Zwiebel
1 großer geschnitzelter Apfel
1 Delikateßgurke
etwas Öl
Pfeffer und Zucker nach Geschmack

Die filetierten und gut gewässerten Heringe werden in einen Steinguttopf gelegt und mit einer Sauce übergossen, die aus den angegebenen Zutaten verquirlt und mit der durch ein Sieb gestrichenen Heringsmilch vermischt wurde. Das Gericht kann sowohl sofort nach Zubereitung oder am Tag danach serviert werden.
Dazu: Salzkartoffeln

Auerhahn

Für 5–6 Personen:
1 Auerhahn
Salz
Pfeffer
Petersilie
1 Stengel Thymian
2 El. Bratfett
1 Zwiebel
1 Tasse Fleischbrühe
1 Tl. Wacholderbeeren
1 Lorbeerblatt
1 Zitrone
1/2 Tl. Mehl

Den gut gehangenen, gespickten Auerhahn innen und außen mit einer Mischung aus Salz, Pfeffer, gehackter Petersilie und Thymian einreiben, im heißen Fett mit der zerschnittenen Zwiebel anbraten, die Brühe übergießen, die

Wacholderbeeren, das Lorbeerblatt und die Zitronenscheiben ohne Schale und Kerne zugeben und zugedeckt unter öfterem Wenden 1 1/2 Stunden weich schmoren, zuletzt aufgedeckt auf allen Seiten knusprig werden lassen und aus dem Bratfond mit Mehl und etwas Brühe eine Sauce bereiten.
Dazu: Püree mit Sauerkraut

Birkhuhn

1 Birkhuhn
1 Scheibe Speck
2–4 El. Bratfett
Salz
Pfeffer
1 Tasse Fleischbrühe
1/2 Tasse saure Sahne
1 Tl. Mehl

Ein küchenfertiges Birkhuhn – ältere Vögel sollten besser einige Tage in eine Beize gelegt werden – innen und außen mit Salz und Pfeffer einreiben, die Brust mit einer Speckplatte umbinden, Wacholderbeeren unter den Speck schieben, in einer Kasserolle mit heißen Fett übergießen und im Backrohr unter fleißigem Begießen etwa 1 Stunde braten, die saure Sahne darübergießen, den Vogel noch kurz im Ofen lassen, dann tranchieren und warm stellen. Aus dem Bratfond mit Mehl und Fleischbrühe eine Sauce bereiten und das Birkhuhn damit übergossen servieren.
Dazu: Kartoffelpüree mit Kraut

Ente, gebraten

1 junge Ente
2 El. Bratfett
1 zerschnittene Zwiebel
Salz
Pfeffer
Mehl
Brühe

Die küchenfertige Ente innen und außen mit Salz und Pfeffer einreiben, gefüllt oder ungefüllt im heißen Fett mit der Zwiebel auf allen Seiten anbraten, mit Fleischbrühe oder Wasser ablöschen und zugedeckt weich dünsten. Ist die Flüssigkeit verdampft, die Ente ab und zu wenden und begießen, bis sie gar und knusprig ist, oder wenn sie fast gar ist, auf den Rost legen, mit Butter oder Fett übergießen und in der Röhre knusprig braten. Für eine junge ungefüllte Ente rechnet man etwa 1 Stunde, für eine gefüllte Ente $1^1/_4$ Stunden Bratzeit. Zuletzt aus dem Bratfond mit etwas Mehl und Brühe oder Wasser eine Sauce bereiten.
Dazu: Salzkartoffeln und Blaukraut

Tip

Die Ente wird besonders knusprig, wenn man den Braten 20 Minuten vor Garende mit Bier einpinselt.

Ente nach Bäuerinnen-Art

1 geviertelte junge Ente
je 1 Handvoll kleine geschälte Zwiebelchen und Karotten
100 g gewürfelter Speck
2 El. Bratfett
Wasser
2 Kopfsalate
1 El. gehackte Petersilie
4 Tassen feine grüne Erbsen
Salz
Pfeffer
1/2 El. Mehl
Butter

Den Speck, die Zwiebelchen und die kleinen Karotten im heißen Fett andünsten, die Entenviertel zugeben und anbraten, Wasser zugießen, bis die Fleischstücke davon bedeckt sind, danach den geputzten, in Streifen geschnittenen Salat, Petersilie, Erbsen und Gewürze beifügen und zugedeckt 1 Stunde lang gar dünsten. Kurz vor dem Anrichten das mit einem haselnußgroßen Stück Butter verknetete Mehl beifügen und so lange dünsten, bis sich das Kügelchen aufgelöst hat. Nun das Fleisch auf einer heißen Platte anrichten und mit dem Gemüse servieren.
Dazu: Reis oder Salzkartoffeln

Gänsebrust oder Gänsekeule

Für 2 Personen:
1 Gänsebrust oder Keulen
2 El. Butterschmalz oder Gänsefett
1 Zwiebel
Salz
Pfeffer
1 Tl. Mehl
Brühe

Die abgezogene Gänsebrust oder die nicht abgezogenen

Keulen mit Salz und Pfeffer einreiben und mit der zerschnittenen Zwiebel im heißen Fett auf allen Seiten anbraten, mit Brühe übergießen und zugedeckt weich schmoren, zuletzt wieder aufgedeckt knusprig braten; aus dem Bratfond mit Mehl und etwas Brühe eine Sauce bereiten und über das aufgeschnittene Gänsefleisch gießen.
Dazu: Kartoffelklöße oder Salzkartoffeln mit Blaukraut oder Krautsalat

Hühnerfrikassee

1 Huhn
Salz
Zitronensaft
3–4 El. Bratfett
4 El. Mehl
einige Champignons
Pfeffer
4 El. Wein
1–2 Eigelb
3 El. Sahne

Das Huhn mit Salz und Zitronensaft einreiben und 5 Minuten in kochendes Salzwasser legen, herausnehmen und abtrocknen, in der Hälfte des Fetts hell anbraten, mit etwas Brühe übergießen und zugedeckt je nach Alter 1 bis 2 Stunden weich dünsten. Das Huhn kann auch gekocht werden, wobei man noch eine Hühnerbrühe erhält. Danach das Huhn enthäuten, in Stücke zerlegen und warm stellen. Aus dem restlichen Fett, Mehl und Brühe eine helle Sauce bereiten, die feinblättrig geschnittenen Champignons, die Gewürze, Zitronensaft und Wein zufügen und mit Eigelb und Sahne legieren; die Fleischstücke einlegen und zugedeckt auf kleiner Flamme ziehen lassen.
Dazu: Reis oder Bandnudeln mit Gemüse

Hühnerragout in Sahnesauce

1 gekochtes Huhn
Zitronensaft
Fleischbrühe
3 El. Bratfett
Wurzelwerk
1 Sträußchen Küchenkräuter
1 Tasse Weißwein
Salz
80 g Stärkemehl
80 g Butter
2 Tassen Sahne
2 Eigelb
50 g Butter

Das enthäutete und entbeinte Geflügel in Portionsstücke zerlegen, mit Zitronensaft beträufeln und im Fett hell dünsten. Die Geflügelabfälle und Knochen, mit Fleischbrühe bedeckt, zusammen mit geschnittenem Wurzelwerk, Küchenkräutern, Wein und Salz zu einer kräftigen Brühe verkochen. Aus Butter und Stärkemehl eine helle Mehlschwitze bereiten, mit der durchgeseihten Brühe ablöschen und die Hälfte der Sahne beifügen; unter ständigem Rühren die Sauce dickkochen, mit Eigelb legieren und die restliche Sahne zugeben, zuletzt im Wasserbad mit dem Schneebesen unter ständigem Schlagen die Butter unterziehen. Die Sauce über das auf einer heißen Platte angerichtete Fleisch gießen.
Dazu: Reis

Suppenhuhn

1 Suppenhuhn
2 l Wasser
1 Bund Suppengrün
1 Zwiebel
Salz

Das küchenfertige Huhn innen und außen mit Salz einreiben und zusammen mit der Zwiebel und dem feingeschnittenen Suppengrün im Wasser gar kochen.

Perlhühner in Rahmsauce

2 junge Perlhühner
100 g Speck
Salz
Gewürzmischung
50 g Bratfett
1 Zwiebel
1 Karotte
1 El. Mehl
1 Tasse saure Sahne
1 Tl. Fleischextrakt

Die küchenfertigen Perlhühner mit geräucherten Speckstreifen spicken und innen und außen mit Gewürzen einreiben. In reichlich heißem Fett mit Zwiebel und Karotte allseitig anbraten, mit etwas Brühe ablöschen und unter ständigem Begießen halb gar dünsten, dann mit Sahne verquirltes Mehl darübergießen und fertig garen. Die Hühner auf vorgewärmter Platte anrichten und die durchgeseihte und mit Fleischextrakt abgeschmeckte Sauce dazureichen.
Dazu: Buttereis und Salat

Junge Pute

1 etwa 2–3 Monate alte Pute
50 g Speckstreifen
Salz
Pfeffer
6 El. Butter
1 El. Fleischextrakt
1 Tl. Mehl
Brunnenkresse

Brust und Schlegel einer jungen Pute fein mit Speck spikken, innen und außen mit Salz und Pfeffer einreiben, in einer Bratpfanne oder am Spieß mit heißer Butter bestreichen und unter fleißigem Begießen 30 bis 45 Minuten braten, danach tranchiert auf einer heißen Platte beiseite stel-

len. Nun den Bratfond mit Fleischextrakt und Mehl dicken, mit etwas Wasser aufgießen und kurz kochen. Die Keulen der Pute mit Papiermanschetten umwickeln und den Plattenrand mit Brunnenkresse garnieren.
Dazu: Salat

Tip

Die Pute wird besonders würzig, wenn Sie sie vor dem Braten mit einer halben Zitrone beträufeln und dann erst salzen.

Truthahn, gefüllt

Für 6–8 Personen:

1 ganzer Truthahn (ca. 4,5 kg)
Salz
Pfeffer
500 g Weißbrot
2 El. Schweinefleischwürfel
Herz
Leber
1 Ei
Salbei
Salz
Pfeffer
2 Tassen Wasser
100 g zerlassene Butter
1 Tl. Mehl
1/2 Tasse Wasser

Den küchenfertigen Truthahn mit unverletzter Kropfhaut, da diese gefüllt werden soll, innen und außen mit Salz und Pfeffer einreiben und über Nacht stehen lassen. Für die Füllung das entrindete Brot in Scheiben schneiden und zartbraun rösten, durch den Wolf drehen und mit heißem Wasser befeuchten, feingewiegte Schweinefleischwürfel sowie Herz und Leber des Truthahns zugeben und mit Ei, Salbei, Salz und Pfeffer vermengen, den Kropf damit füllen und zunähen. Nun das Geflügel in eine Kasserolle legen, mit Wasser begießen und zugedeckt kochen, bis das Wasser verdunstet ist. Den Truthahn herausnehmen und mit dem Rücken nach unten auf den Rost über die Fettpfanne legen, mit Butter bestreichen und in der Röhre etwa 2½ Stunden knusprig braten. Zuletzt im Bratfond Mehl anrösten, mit Wasser aufgießen und als Sauce zum Braten reichen.
Dazu: Salat

Gemsenbraten

Gemsenziemer oder -schlegel
Salz
Olivenöl
halb und halb Essig und Wasser
2 Zwiebeln
2 Karotten
1 Scheibe Sellerie
1 Knoblauchzehe
1 Lorbeerblatt
3 Nelken
3 Wachholderbeeren oder
1 Msp. Gewürzmischung
10 Pfefferkörner
100 g Speck
Bratfett
1 Zwiebel
Salz
Pfeffer
1 Zitrone
2 Tassen Rotwein
2 Tassen Fleischbrühe
1 Tasse Sahne
2 Tl. Stärkemehl

Das Fleisch enthäuten, mit Salz und Olivenöl eingerieben in eine Schüssel legen, die Marinade kochend übergießen und, völlig davon bedeckt und beschwert, 4 bis 6 Tage an kühlem Ort beizen. Danach das Fleisch abtrocknen und gut spicken, in reichlich Fett mit kleingeschnittener Zwiebel, Salz, Pfefferkörner und geriebener Zitronenschale allseitig anbraten, ablöschen und eine entkernte, in Scheiben geschnittene Zitrone beifügen, unter häufigem Begießen mit Rotwein, Brühe und Sahne fertig garen, jedoch 30 Minuten vor dem Garwerden mit angerührtem Stärkemehl andicken. Beim Anrichten die Sauce durchpassiert über das tranchierte Fleisch gießen.
Dazu: Kartoffeln in Schale

Tip

Knoblauchzehen mit der Schale in die Knoblauchpresse geben, die Schale läßt sich dann leichter herausnehmen und die Presse bleibt sauberer.

Hasenbraten

1 Hasenrücken oder 2 Schlegel
50 g fetter Speck
3 El. Bratfett
1 Zwiebel
1 Tasse saure Sahne
1 El. Mehl
Salz
Pfeffer
1 Zitrone

Das gehäutete Fleisch mit dem Speck spicken oder mit Speckscheiben umwickeln und würzen. In einer Kasserolle das Fleisch im heißen Fett anbraten, die feingeschnittene Zwiebel zugeben und zugedeckt oder in der Röhre unter häufigem Begießen 30 Minuten braten, erst 10 Minuten vor dem Anrichten die saure Sahne darübergießen und das Fleisch warm stellen. Den Bratsatz mit Mehl aufkochen, würzen und mit Zitronensaft abschmecken, zu dem auf einer heißen Platte angerichteten Fleisch reichen und den Braten mit Zitronenscheiben garnieren.
Dazu: Spätzle mit Blaukraut und Preiselbeeren

Hasenkeule in Buttermilch

2 Hasenkeulen
1 l Buttermilch
6 Scheiben Speck
3 El. Bratfett
1/2 l Brühe
4 Wacholderbeeren
1 Lorbeerblatt
3/8 l saure Sahne
1/8 l Buttermilch
2 El. Stärkemehl
Salz
Pfeffer
1 Schuß Rotwein

Die Keulen 1 bis 2 Tage in die Buttermilch legen, abtropfen lassen und würzen, mit zerstoßenen Wacholderbeeren bestreuen und mit Speck umwickeln, im heißen Fett auf allen Seiten anbraten, mit der Brühe ablöschen, das Lorbeerblatt beifügen und zugedeckt garen; ist die Flüssigkeit verdampft, die Buttermilch mit Mehl verquirlen und zugießen, ebenso die saure Sahne und den Rotwein, nach Geschmack würzen.
Dazu: Teigwaren, Spätzle oder Kartoffelpüree und Preiselbeeren

Hasenläufe

Pro Person 2 Stück Hasenläufe
50 g Speck
Salz
Pfeffer
1 Zwiebel
3 Wacholderbeeren
3 El. Bratfett
Fleischglace oder $^1/_2$ Tl. Mehl
Wasser oder Brühe

Die küchenfertigen Läufe spicken und würzen, mit geschnittener Zwiebel und Wacholderbeeren im heißen Fett anbraten, mit etwas Wasser oder Brühe ablöschen und aufgießen, zugedeckt garen und einschmoren lassen, mit Fleischglace oder Mehl eine Sauce bereiten.
Dazu: geschmorte Äpfel mit Preiselbeeren oder Blaukraut mit Kartoffeln

Hasenpfeffer

Kopf
Hals
Bauchlappen
Vorderschlegel
Lunge
Leber und Herz
je 1/2 Tasse Essig und Wasser
1 Nelke
1 Lorbeerblatt
Pfefferkörner
1 Zwiebel
Salz
Pfeffer
3–4 El. Bratfett
1/2 Glas Rotwein
Zitronensaft

Die Fleischstücke mit der Beize übergießen und 1 bis 2 Tage darin liegen lassen; in einer Kasserolle das Fett erhitzen, die Fleischstücke mit der Zwiebel leicht anbraten, das Mehl zugeben und anbräunen, mit der Hälfte der Beize ablöschen und zugedeckt weich dünsten, ab und zu von der Beize oder Wasser zugießen, bis das Fleisch gar ist, zuletzt den Rotwein einrühren und mit Zitronensaft und Gewürzen abschmecken.
Dazu: gekochte Kartoffelklöße oder Teigwaren

Gefüllte Hasenschlegel

2 entbeinte Hasenschlegel
Pfeffer
Salz
75 g Speck
1/2 Tasse Brösel
1 Zwiebel
Salbei
Petersilie
1/2 Tasse Champignons
2 harte Eigelb
1 rohes Eigelb
1 Hasenleber
2 El. Butter
Salz
Pfeffer
4 El. Bratfett
1/2 Tasse Wein
1 Zwiebel
Wildknochen

Die geschnittene Zwiebel, feingehackte Pilze und die Kräuter kurz in Butter andünsten, ebenso die kleinwürfelig geschnittene Hasenleber, mit Bröseln und gehacktem Eigelb binden und die enthäuteten Hasenschlegel mit dieser Farce füllen, zunähen und mit Speckstreifen umwickeln. Nun im heißen Fett mit Zwiebel und Wildknochen anbraten, mit Wein und etwas Wasser ablöschen, auffüllen und zugedeckt etwa 1 Stunde weich dünsten; gegen Ende der Garzeit aufdecken und die Schlegel knusprig werden lassen. Aus dem Bratfond eine Sauce bereiten und über die auf heißer Platte angerichteten aufgeschnittenen Schlegel gießen.
Dazu: Kartoffeln und Johannisbeeren

Tip

Wenn Sie keine frischen Champignons zur Verfügung haben, können Sie Champignons aus der Dose verwenden; sie brauchen nur etwas mehr Würze.

Hirschbraten auf bürgerliche Art

1–1 1/2 kg Hirschziemer
Schlegel oder Bug
Speck
Salz
Pfeffer
2 Zwiebeln
1 Karotte
2 Nelken
4 Wacholderbeeren
6 Pfefferkörner
1 Lorbeerblatt
6 El. Bratfett
2 Tl. Stärkemehl
1 Glas Weißwein

Das gehäutete Fleisch reichlich spicken, salzen und pfeffern und in heißem Fett zusammen mit den in Scheiben geschnittenen Zwiebeln, der Karotte und den Gewürzen langsam gar braten, während der Garzeit fleißig begießen. Dem Bratsatz mit Weißwein angerührtes Stärkemehl beifügen, gut durchkochen, möglicherweise noch etwas Wasser zugießen, durchpassieren und zum auf heißer Platte angerichteten Braten reichen.
Dazu: Spätzle

Hirschragout nach Älpler Art

750–1000 g Hirschschlegel
100 g Speck
100 g kleinwürfelig geschnittenes gekochtes Rippchen
1 El. gehackte Petersilie
1 feingewiegte Zwiebel
Saft von 1/4 Zitrone
1 Lorbeerblatt
Thymian
Salz
2 El. Mehl
Wasser
3/4 Tasse Sahne

Den kleinwürfelig geschnittenen Speck mit Petersilie und

Zwiebel anrösten, Gewürze und grobgewürfeltes Hirschfleisch zugeben, auf allen Seiten anbraten, Wasser zugießen, zugedeckt weich dünsten und restliche Flüssigkeit einkochen lassen; mit Mehl bestäubt anrösten und ablöschen, Rippchenwürfel und Sahne zugeben und zu einer Sauce verkochen.
Dazu: Nockerln mit Preiselbeeren

Kaninchen auf Jägerart

1 Kaninchen
Salz
Pfeffer
50 g Bratfett
100 g magerer Speck
1–2 El. Mehl
2 Tassen Wasser
1 Tasse Weißwein
2 enthäutete entkernte Tomaten
1 Tasse Pilze
5 Schalotten
1 Tl. gehackte Petersilie
Saft von 1/2 Zitrone

Das enthäutete Fleisch in passende Stücke zerlegen und würzen, im heißen Fett Speckwürfel und Fleisch hellgelb anbraten, das Mehl überstäuben und anrösten, mit Wasser und Wein ablöschen und zugedeckt etwa 30 Minuten schmoren, danach das Fleisch und die Speckwürfel herausnehmen und warm stellen. Nun die Tomaten in Scheiben schneiden, mit feingehackten Schalotten und blättrig geschnittenen Pilzen dem Bratsatz zugeben und weich dünsten, zuletzt Fleisch und Speck in der Sauce noch einmal durchkochen und mit Petersilie und Zitronensaft abschmecken.
Dazu: Kartoffeln und Kopfsalat

Kaninchen-Ragout

750–1000 g Kaninchenfleisch
je 1/2 Tasse Essig
Weißwein und Wasser
1 Nelke
1 Lorbeerblatt
Pfefferkörner
Salz
Pfeffer
3 El. Bratfett
1 Zwiebel
2–3 El. Mehl
1/2 Tasse Rotwein
Zitronensaft
1/2 Tasse saure Sahne
Salz
Pfeffer

Das in Stücke geschnittene Fleisch mit der Beize (aus Essig, Weißwein und Wasser sowie den angegebenen Gewürzen bereitet) übergießen und einige Tage darin liegen lassen. Nun die abgetrockneten Fleischstücke im heißen Fett zusammen mit der zerschnittenen Zwiebel anbraten, mit einem Teil der Beize ablöschen, noch etwas Wasser zugießen und zugedeckt weich dünsten. Ist alle Flüssigkeit verdampft, die Fleischstücke knusprig braten. Aus dem Bratfond mit Mehl, Wasser oder Rotwein, Zitronensaft, den Gewürzen und der restlichen Beize eine Sauce bereiten, gut durchkochen, die Fleischstücke wieder einlegen, die saure Sahne zufügen und alles einige Minuten darin ziehen lassen.
Dazu: Kartoffelpüree, Kartoffelklöße oder Teigwaren

Kaninchen in Paprika

1 Kaninchen
4 El. Bratfett
2–3 gewürfelte Zwiebeln
1–2 El. Paprika
Salz
1 Tasse Sahne
1–2 El. Mehl

Das bratfertige Kaninchen in Portionsstücke zerlegen und mit Salz einreiben, die Zwiebeln in heißem Fett anrösten und die Fleischstücke zugeben, allseitig anbraten, mit Paprika bestreuen und wenden, mit Wasser ablöschen und zugedeckt schmoren, ab und zu umdrehen und noch etwas Wasser zugießen. Ist die Flüssigkeit verkocht und das Fleisch weich, dieses aufgedeckt im Fett wenden und knusprig braten, auf einer heißen Platte anrichten und mit der aus dem Bratsatz mit Mehl, Sahne und etwas Wasser bereiteten Sauce übergießen.
Dazu: Spätzle mit Salat

Tip

Grüner Salat wird wieder frisch, wenn man ihn in eine Schüssel mit kaltem Wasser legt, in die man vorher einige Scheiben rohe Kartoffeln gegeben hat.

Rehkeule

750 g Rehschlegel
je 1/2 Tasse Wasser und Essig
1 Nelke
1 Lorbeerblatt
Salz
Pfeffer
1 Zwiebel
4 El. Bratfett
1/2 Tasse saure Sahne
Saft von 1/2 Zitrone
1 El. Mehl
1/2 Tasse Rotwein

Das Essigwasser mit den Gewürzen aufkochen, über die küchenfertige Rehkeule gießen und zugedeckt darin einige Tage bei öfterem Wenden beizen. Danach das abgetrocknete Fleisch im heißen Fett auf allen Seiten anbraten, mit der Beize ablöschen, die Zwiebel beifügen und zugedeckt unter häufigem Begießen und Wenden weich schmoren, zuletzt aufgedeckt im Fett knusprig braten und auf einer vorgewärmten Platte anrichten. Die aus dem Bratsatz, Mehl, Wasser, Sahne und Wein zubereitete Sauce zur Keule reichen.
Dazu: Spätzle, Blaukraut und Preiselbeeren

Rehleber

2 Rehlebern
3 El. Bratfett
1 El. Mehl
1/2 Glas Rotwein
1 Handvoll Pilze
Salz
Pfeffer
Zitronensaft

Im zerlassenen Fett die feingeschnittene Zwiebel gelb rösten, die in Scheiben geschnittene Leber kurz mitdünsten und dann warm stellen. Im Bratsatz das Mehl hellbraun rösten, mit dem Wein ablöschen und feingehackte Pilze zufügen, gut durchkochen und mit Gewürzen und Zitronensaft abschmecken und durchseihen; nun die Leber in dieser Sauce wieder erwärmen und mit Zitronenschnitzen garniert anrichten.
Dazu: Kartoffelpüree und Salat

Rehragout

1 kg Rehragout
1/2 Tasse Essig
1 Tasse Wasser
2 Nelken
1 Lorbeerblatt
1 Zwiebel
3 Scheiben gewürfelter Speck
1 geschnittene Zwiebel
3 El. Butter
4 El. Mehl
1 Gläschen Rotwein
Salz
Pfeffer
Zitrone

Aus dem Essigwasser mit den Gewürzen und der Zwiebel eine Beize aufkochen, abkühlen lassen, über das in einer Schüssel liegende Fleisch gießen und einige Tage darin stehen lassen. Danach in einer Kasserolle den Speck auslassen, die Zwiebel und die abgetropften Ragoutstücke beifügen und anbraten, die Butter darübergießen, umwenden, mit Mehl überstäuben und mit der Beize ablöschen, mit Wasser oder Fleischbrühe auffüllen, mit Gewürzen und Rotwein abschmecken und das Ragout auf kleiner Flamme zugedeckt weich dünsten. Zum Anrichten die Fleischstücke in eine Schüssel legen und mit der durchgeseihten Sauce übergießen.
Dazu: Teigwaren, Spätzle oder Klöße

Rehrücken

Für 8–10 Personen:
1 Rehrücken von 3–4 kg
50 g Speck
6 El. Bratfett
1 geschnittene Zwiebel
1 Tasse saure Sahne
1 geschälte Zitrone
2 El. Mehl
Salz
Pfeffer
Essig oder Milch zum Beizen

Den gut abgelagerten Rehrücken gehäutet auf allen Seiten mit Salz und Pfeffer einreiben und über Nacht in ein essiggetränktes Tuch einschlagen oder mit Milch begießen. Vor dem Braten den Rücken spicken oder mit Speckscheiben umwickeln. Nun in einer Kasserolle das Fleisch zusammen mit der Zwiebel in heißem Fett anbraten, mit etwas Wasser oder Brühe begießen und zugedeckt dünsten. Wenn das Fleisch fast gar ist, aufdecken und braun und knusprig werden lassen, dabei öfter mit dem Bratsaft begießen, zuletzt mit saurer Sahne übergossen kurz in die Röhre stellen – die Gesamtbratzeit beträgt etwa 1 Stunde, das Fleisch soll innen noch leicht rosig sein. Die Filets vom Knochen lösen, schräg aufschneiden und wieder auf das Knochenstück ordnen, so daß der Rehrücken wie unzerschnitten aussieht; mit etwas Bratsaft begießen und mit Zitronenscheiben garnieren. Zuletzt aus dem Bratfond mit Mehl, Zitronensaft, Wasser oder Brühe, der restlichen sauren Sahne und nach Geschmack etwas Rotwein eine Sauce bereiten und getrennt zum Braten reichen.
Dazu: Kartoffelpüree mit Preiselbeeren

Rehschnitzel

4 Rehschnitzel aus dem Schlegel
4 El. Butter
Salz
Pfeffer
2 halbierte Tomaten
1 geschnittene Zwiebel
1 Tl. Mehl

Die Schnitzel klopfen und würzen, in einer Kasserolle die Tomaten, die Zwiebel und das Fleisch in heißer Butter anbraten, nach 10 Minuten die Schnitzel auf einer heißen

Platte anrichten und mit den Tomaten garnieren. Aus dem Bratfond mit Mehl, Salz, Pfeffer und nach Belieben etwas Rotwein eine Sauce bereiten, durchseihen und über die Schnitzel gießen.
Dazu: Kartoffelpüree, Teigwaren oder Reis

Wildschwein-Frischlingsbraten

Ziemer oder Schlegel vom Jungwildschwein
2/3 Weinessig und 1/3 Wasser
1 kleine Sellerieknolle
je 2 Karotten und Zwiebeln
1 Knoblauchzehe
2 Lorbeerblätter
4 Nelken
10 Pfefferkörner
je 1 Msp. Gewürzmischung und Salpeter
1 El. Zucker
1 Handvoll Salz
Olivenöl
Fleischbrühe
1/2 l Weißwein
1 Tasse Essig
Butter
Speckscheiben
saure Sahne

Die Beize aus Essigwasser, dem Wurzelwerk, Zwiebeln, Knoblauch und den Gewürzen 30 Minuten kochen, das Fleisch damit übergießen, bis es völlig bedeckt ist, das Olivenöl zugießen und 1–3 Tage darin beizen, sehr junge Tiere nur 1 Stunde in der Beize ziehen lassen oder sogar ungebeizt verwenden.
Nun das Fleisch mit der Schwartenseite nach unten in ein Bratgeschirr legen und mit Fleischbrühe, Wein und Essig ganz bedecken, je nach Alter der Tiere in 2 bis 4 Stunden zugedeckt weich schmoren. Zuletzt den Braten mit der Schwarte nach oben, mit Speckscheiben belegt und mit zerlassener Butter und saure Sahne übergossen, in der hei-

ßen Röhre braun und knusprig braten, nach und nach die durchgeseihte Brühe zugießen.
Dazu: Kartoffeln in der Schale

Tip

Gut gereinigte Kartoffeln in der Schale entweder kochen oder halbiert 40 Minuten im Rohr braten.

Wildschweinkeule mit Blaukraut

1 kg Wildschweinkeule
2/3 Weinessig und 1/3 Wasser
Selleriewurzel
Karotte
Zwiebel
Knoblauch
Lorbeerblatt
Nelken
Pfefferkörner
Majoran
Thymian
Wacholderbeeren
1 El. Zucker
Salz
1 Tasse Weißwein
1/4 Tasse Marinade
Fleischbrühe oder Wasser
3 El. Butter
50 g Speck
1/2 Tasse saure Sahne
Salz
Pfeffer

Das Wurzelwerk und die Gewürze im Essigwasser zur Marinade verkochen, abgekühlt das vorbereitete Fleisch damit begießen, bis es ganz davon bedeckt ist. Das Fleisch älterer Tiere 1 bis 3 Tage, das jüngere nur einige Stunden darin beizen. Nun die Schwarte der Keule kreuz und quer einschneiden, mit der Schwartenseite nach unten in den Brattopf legen, das Marinaden-Wurzelwerk und Gewürze zugeben und so viel Brühe oder Wasser, Wein und Marinade zugießen, daß das Fleisch gerade davon bedeckt ist, und zugedeckt weich schmoren – ist noch viel Brühe im Topf, diese abgießen und durchpassieren. Danach den Speck in Butter anbraten, mit dem ausgebratenen Fett den Braten begießen und braun werden lassen; hierzu kann die Keule auch auf den Rost gelegt werden. Ein Jungschwein braucht etwa 1½ bis 2 Stunden Garzeit, ein älteres Tier bis zu 4 Stunden. Zuletzt den Bratfond mit der durchgeseihten Sauce und saurer Sahne auffüllen und zum Braten reichen.
Dazu: Kartoffelpüree, Blaukraut und Johannisbeergelee

Äpfel, gebacken mit Sauerkraut

500 g Äpfel
500 g Sauerkraut
Bierteig
Backfett

Die Äpfel schälen, in Scheiben schneiden und das Kernhaus entfernen. Die Apfelscheiben in Bierteig tauchen und in heißem Fett herausbacken. Zusammen mit in Butter und Wein gekochtem Sauerkraut auf einer Platte anrichten.

Bayerische Semmelknödel

8 Brötchen
3 Eier
1 kleine Zwiebel
1 El. gehackte Petersilie
2 El. Butter

60 g Speck
Milch
Salz
Pfeffer
Muskat

Die Brötchen in Scheiben schneiden und mit so viel warmer Milch übergießen, daß sie aufquellen. Sie dürfen aber nicht naß sein. Den Speck würfeln, die Zwiebel hacken und beides mit der Petersilie in der Butter anbraten. Mit den Eiern und den Gewürzen zu den Brötchen geben und mit kalten, nassen Händen gut durchkneten. Knödel formen und in leicht kochendem Salzwasser 20 Minuten ziehen lassen. Sofort servieren.

Bauernomeletten

8 Eier
Salz
Petersilie
$1^{1}/_{1}$ El. Fett
$1^{1}/_{2}$ El. Butter

Füllung:
125 g Bruststpeck
150 g Bratwurst
6 gekochte Kartoffeln
Salz, Pfeffer

Die Eier mit Salz und gehackter Petersilie verquirlen. Für die Füllung den Speck würfeln und in einer Pfanne anbraten. Bratwurst und Kartoffeln in dünne Scheiben schneiden, zugeben, mitbraten und würzen. In einer Omelettenpfanne Butter und Fett erhitzen. Die Hälfte der verquirlten

Eier hineinschütten und goldgelb backen. Bevor das Omelett gänzlich gestockt ist, die Hälfte der Füllung daraufgeben und das Omelett zusammenklappen. Mit der zweiten Hälfte ebenso verfahren. Frisch aus der Pfanne servieren.

Bohneneintopf

300–500 g Rind- oder Schweinefleisch
1 kleine Zwiebel
3 El. Butterschmalz
1 Zehe Knoblauch
Ingwer oder Bohnenkraut
Salz, Pfeffer
500 g grüne Bohnen
500 g Kartoffeln

Das Fleisch und die Zwiebel kleinwürfelig schneiden und mit den Gewürzen im Fett anbraten. Mit Wasser auffüllen, bis das Fleisch gerade bedeckt ist. Nach etwa 30 Minuten die Bohnen und die in Schnitze geschnittenen Kartoffeln zugeben und vollends gar dünsten.

Dicke Bohnen mit Speck

500 g Bohnenkerne
8 Puffbohnen
Bohnenkraut
250 g Speck
Salz, Pfeffer
1/2 Tasse Sahne

Die Bohnen und den Speck zusammen in Wasser weich kochen. Nur so viel Wasser nehmen, daß es ziemlich eingekocht ist, wenn die Bohnen gar sind. Den Speck herausnehmen, die Sahne und die Gewürze an die Bohnen geben, nochmals aufkochen. Beim Anrichten mit den Speckscheiben belegen.

Tip

Das Einweichwasser von Hülsenfrüchten niemals salzen, denn sonst bleiben die Hülsenfrüchte beim Kochen hart.

Bratkartoffeln mit Eiern und Kräutern

1 kg festkochende Kartoffeln
2 große Zwiebeln
$^{1}/_{8}$ l Sahne
je 1 El. gehackte Petersilie und Schnittlauch
60 g Butter
6 Eier
Salz
frisch gemahlener weißer Pfeffer

Die Kartoffeln waschen und als Pellkartoffeln kochen. Abgießen, pellen, ausdampfen lassen und in Scheiben schneiden. Besser ist es, die Kartoffeln bereits am Vortag zu kochen und in der Schale erkalten zu lassen. Die Butter in einer großen Pfanne erhitzen. Die Kartoffelscheiben einlegen und mit einer Kruste schön braun braten, die Zwiebel schälen und würfeln und zwischendurch zu den Kartoffeln geben. Die Eier mit der Sahne verquirlen und mit Salz und Pfeffer abschmecken. Die Petersilie und den Schnittlauch unterheben. Die gewürzte Eiersahne schön gleichmäßig über die Bratkartoffeln gießen und stocken lassen. Sofort servieren.

Tip

Außer Schnittlauch und Petersilie können auch andere Kräuter wie Dill, Liebstöckel und Majoran genommen werden.

Eierauflauf

3 El. Butter
3 El. Mehl
1 Tasse Milch
1 Tasse süße Sahne

6 Eier
1 Tl. Salz
Pfeffer
Butter

Die Butter schaumig rühren, und dann nacheinander das Mehl, die abgekochte Milch und die Sahne unterschlagen. Die Mischung ins Wasserbad geben und 5 Minuten kochen lassen. Die Eier trennen, die Eigelb verquirlen, zugeben und so lange rühren, bis die Masse dick wird. Dann vom Feuer nehmen, die Gewürze untermischen und das steifgeschlagene Eiweiß unterziehen. Eine Auflaufform mit Butter einstreichen und die Masse einfüllen. Die Form in eine mit Wasser gefüllte Fettpfanne stellen und bei schwacher Hitze backen.

Eierbällchen

6 Eier
2 El. Butter
2 El. Mehl
süße Sahne oder Milch
1 kleine Zwiebel
Salz
Pfeffer
1 Tl. gehackte Petersilie
Brösel
geriebener Käse
1 Ei
Backfett

Die Eier hart kochen, abschrecken, schälen und in kleine Würfel schneiden. Die Butter erhitzen, das Mehl darin anschwitzen und die Sahne oder Milch eßlöffelweise zugeben, bis eine dickflüssige Sauce entsteht. Mit Salz, Pfeffer, gehackter Zwiebel und der Petersilie abschmecken, heiß über die Eier geben, alles miteinander vermischen und abkühlen lassen. Dann mit einem Teelöffel kleine Klöße abstechen und diese mit der Brösel-Käse-Mischung, dem geschlagenem Ei und abermals mit Brösel panieren. In einer Pfanne das Fett zerlassen und die Bällchen darin schwimmend goldgelb herausbacken.

Eier mit Champignons

6 Eier
250 g frische Champignons
1 El. Butter
Salz
Pfeffer
Zitronensaft
1 Tasse Buttersauce
1/2 Tasse süße Sahne
1 El. geriebener Käse

Die Eier hart kochen, abschrecken, schälen, der Länge nach halbieren und die Eigelb herausnehmen. Die Champignons putzen, 10 Minuten in Butter dünsten und mit Salz, Pfeffer und etwas Zitronensaft abschmecken. Die Eigelb und die Pilze fein hacken und mit etwas Buttersauce anmachen. Die Eiweißhälften damit füllen. Eine feuerfeste Form mit Butter ausstreichen und die Eihälften hineinlegen. Die restliche Buttersauce mit der Sahne und dem Käse vermischen, zu den Eiern gießen und im Ofen überbacken.

Erbsen nach Berliner Art

500 g gelbe Erbsen
1 Zwiebel
1 Stange Lauch
1 kleine Sellerieknolle
1 El. Fett
500 g Schweineohr und -schnauze
Thymian oder Majoran
Salz, Pfeffer
2 rohe Kartoffeln

Die Erbsen über Nacht einweichen. Die Zwiebeln, den Lauch und die Sellerie zurichten, alles in allem etwa 2 Handvoll, und in einem größeren Topf mit dem Fett anschmoren. Die Erbsen zugeben und mit Wasser auffüllen.

Nach einiger Zeit die würfelig geschnittenen Fleischstückchen und die Gewürze zugeben. Wenn alles beinahe weich gekocht ist, die in Würfel geschnittenen Kartoffeln beifügen, damit die Suppe bündig wird. Am besten schmecken Brötchen dazu.

Gemüseeintopf

250 g Zwiebeln
500 g Paprikaschoten
3 Stangen Lauch
2 Äpfel
1 Salatgurke
5 El. Öl oder Butterschmalz
1 1/2 Tassen Wasser
Salz, Pfeffer
Paprika
250 g Reis
1 Bund Petersilie
4–6 Tomaten
Sojasauce

Geschnittene Zwiebeln in Öl oder Schmalz goldgelb braten. Gemüse je nach Art zurichten und in nicht zu kleine Stücke teilen. Zugeben und andünsten. Wasser zugießen und den Reis einstreuen. Würzen und 20 Minuten auf kleiner Flamme kochen lassen. In Spalten geschnittene Tomaten, nach Belieben, enthäutet zugeben, 10 Minuten kochen lassen. Gewiegte Petersilie beifügen. Mit Koch- oder Bockwurst servieren.

Gemüsestrudel

Nudelteig aus 2 Tassen Mehl
1 Ei
2 El. Sahne oder Wasser
Füllung aus 4–5 El. Butter
1 kg Gemüse nach Belieben
1/2 Tasse Sahne
Kräutersalz
2 El. Butter zum Bestreichen

Den zubereiteten Nudelteig unter einem angewärmten Topf etwa 30 Minuten ruhen lassen. Danach auf einem Tuch auswellen, noch etwas mit den Händen ausziehen und mit zerlassener Butter bestreichen. Das geputzte Gemüse klein schneiden und gewürzt in der Butter halb weich dünsten. Nach Abkühlung das Gemüse auf dem Teig verteilen und mit der Sahne begießen. Den zusammengerollten Strudel auf ein gebuttertes Blech legen, mit Butter bestreichen und in der Backröhre 30 Minuten zu goldgelber Farbe backen.
Dazu: grüner Salat

Tip

Für den Gemüsestrudel kann jeweils das Gemüse der Saison genommen werden, dadurch ist die Speise preiswerter.

Grünkohl mit Kasseler Rippenspeer

500 g Kasseler
1 kg Grünkohl (Winterkohl)
2 El. Butterschmalz
1 Zwiebel
Salz, Pfeffer
2 El. Mehl

Den Kohl putzen, waschen und fein schneiden. In einem Topf das Schmalz zergehen lassen, das Fleisch und die grob geschnittene Zwiebel darin anbraten. Das Gemüse, etwas Wasser und die Gewürze zugeben und in etwa 1 Stunde gar kochen. Das Mehl darüberstäuben, und wenn nötig noch etwas Wasser zugießen.

Gurke, gefüllt

4 mittelgroße oder
2 größere Gurken
4 Brötchen
2 Eier
2–3 El. Butter
1 El. gehackte Zwiebel
gehackte Petersilie
Salz, Pfeffer
1/2 Tasse Brühe oder Wasser
Dill, Zitrone

Die Gurken von der Blüte zum Stiel schälen, der Länge nach halbieren und aushöhlen. Die eingeweichten Brötchen ausdrücken, zerpflücken und mit Petersilie und Zwiebeln in etwas Butter andünsten. Das Eigelb unterrühren, würzen und den Eischnee unterziehen. Mit dieser Masse die ausgehöhlten Gurken füllen, die restliche Butter in einer Kasserolle erhitzen, die Gurken hineinlegen, eine halbe Tasse Brühe zugeben und zugedeckt auf kleiner Flamme oder im Backrohr gar dünsten. Gegen Ende der Garzeit den Deckel abnehmen, die Gurken herausnehmen und den Bratsatz mit etwas Brühe zu einer Sauce kochen und mit Zitrone, Dill, Petersilie oder Würze abschmecken.

Hefekartoffeln aus Pommern

750 g Kartoffeln
1 kleine Lauchstange
1 Würfel Hefe
1 Bund Schnittlauch
Butter für die Form
2–3 Tl. Knorr Klare Fleischsuppe
5 El. (50 g) Mondamin Klassische Mehlschwitze, hell
4 Zwiebeln
2 El. Mazola Keimöl
1/2 l Wasser
Salz
1 El. Butter als Flöckchen

Die Kartoffeln gründlich waschen, in der Schale kochen, mit kaltem Wasser abschrecken und noch warm pellen, dann in Scheiben schneiden. Die Zwiebeln schälen und in Würfel schneiden. Den Lauch putzen, waschen, das dunkle Grün entfernen und die Stange in dünne Ringe schneiden. Das Öl in einem weiten Topf erhitzen. Die Zwiebeln und den Lauch darin glasig anschwitzen. Die Hefe dazubröckeln und unter Rühren flüssig werden lassen. Das Wasser dazugießen, aufkochen und das Suppenpulver sowie die Mehlschwitze unter Rühren einstreuen und etwa 1 Minute kochen lassen. Den Schnittlauch waschen und klein schneiden. Die Sauce mit Salz abschmecken und die Schnittlauchröllchen unterrühren. Eine flache Auflaufform mit Butter einfetten, Abwechselnd die Kartoffelscheiben und die Sauce einfüllen. Auf die letzte Schicht Butterflöckchen setzen. Die Hefekartoffeln bei 200° C in den vorgeheizten Ofen geben und etwa 45 Minuten backen.
Dazu: grüner Salat

Kartoffelauflauf

$1^1/_4$ kg Kartoffeln
2 Tassen Milch
Salz, Pfeffer
Muskat
3–4 El. Butter
3 Eier, Tomaten
3 El. Reibkäse
1 El. Brösel

Die Kartoffeln kochen, schälen und noch heiß durch die Presse drücken, mit kochender Milch verrühren und würzen. Die Eier trennen, Butter und Eigelb schaumig rühren und unter den abgekühlten Kartoffelbrei geben, abschmekken und den Eierschnee unterziehen. Die Masse in eine vorbereitete Auflaufform füllen, nach Belieben einige feste ganze Tomaten unter den Kartoffelbrei geben. Das Ganze mit dem geriebenem Käse, den Bröseln und Butterflöckchen bestreuen und 30 Minuten im Ofen überbacken.
Dazu: grüner Salat

Schneller Kartoffelauflauf mit Champignons

500 g frische Champignons
1 El. Butter
frisch gemahlener Pfeffer
100 g Gouda
1 Pkt. Kartoffelpüree
Butter für die Form
1 Zwiebel
Salz
1 Bund Petersilie

Die Champignons putzen (nur bei Bedarf waschen) und blättrig schneiden, und zwar so, daß die Pilzform erkennbar bleibt. Die Zwiebel schälen und fein schneiden. In einer mittelgroßen Pfanne Butter erhitzen und die Zwiebeln bei Mittelhitze glasig schwitzen. Die Champignons zufügen und solange mitschwitzen, bis alle Flüssigkeit verdampft ist. Mit Salz und Pfeffer kräftig würzen. Petersilie waschen, trocknen, fein hacken und unter die Pilze mischen. Die Pfanne beiseite stellen. Den Käse auf der Gemüsereibe frisch raffeln. Das Kartoffelpüree nach Packungsanweisung zubereiten, aber etwas weniger Flüssigkeit dazugeben, es soll ein etwas festeres Püree werden. Eine Auflaufform dick ausbuttern. Schichtweise Kartoffelpüree und Champignons einfüllen, mit Kartoffelpüree abschließen. Die Oberfläche mit Käse bestreuen. Bei 250° C im vorgeheiztem Rohr 12–15 Minuten backen. In der Form servieren.

Kartoffel-Fisch-Topf

4 mittelgroße Möhren ca. 250 g
400 g Fischfilet
10 g Margarine
1/8 l Fleischbrühe
weißer Pfeffer, frisch gemahlen
1 Eigelb
6 Kartoffeln ca. 500 g
1/4 l Fleischbrühe
30 g Mehl
1/8 l Sahne
1 Spritzer Zitronensaft
1 Bund glatte Petersilie, gehackt

Die Möhren und die Kartoffeln schälen, waschen und in Scheiben schneiden. In wenig Salzwasser kochen. Das Fischfilet unter fließendem kaltem Wasser waschen und in 2–3 Minuten gerade am Siedepunkt garen lassen. Für die Sauce die Margarine schmelzen, das Mehl einrühren und eine helle Einbrenn bereiten. Die weitere Brühe und die Sahne zugießen und 2–3 Minuten kochen lassen. Die Kochbrühe von den Kartoffeln und dem Fisch mit zur Sauce geben und mit einem Schneebesen kräftig durchschlagen. Die Sauce mit Salz, Pfeffer und Zitronensaft kräftig abschmecken, von der Kochstelle nehmen und legieren. Die Fischwürfel zum Gemüse geben, die Sauce darübergießen, nochmals heiß werden lassen, aber nicht mehr kochen. Das Gericht abschmecken und die Petersilie darüberstreuen.

Kartoffeln, gefüllt

4 große rohe Kartoffeln
4 Eier
Bechamelsauce
Butter
Reibkäse

Möglichst gleich große rohe Kartoffeln schälen, waschen und trocknen, mit Butter bepinselt und mit Butterpapier bedeckt in der heißen Röhre backen. Noch heiß aushöhlen und in jede Kartoffel ein 3 Minuten gekochtes, geschältes Ei setzen; mit Sauce aufgefüllt, mit Käse bestreut und mit Butterflöckchen belegt im Rohr überbacken.

Kartoffelhörnchen

250 g festkochende Kartoffeln
300 g Weizenmehl
70 g Zucker
3 Tropfen Bittermandel-Backaroma
1 El. Wasser
1Eigelb
1 Pkt. Backpulver
1 Ei
etwas Salz
50 g kalte Butter
Pflaumenmus

Die Kartoffeln am Vortag waschen und in der Schale kochen. Am nächsten Tag pellen und durch die Kartoffelpresse drücken. Zwei Drittel des Mehls mit dem Backpulver mischen, auf ein Backbrett sieben und in die Mitte eine Vertiefung drücken. Zucker, Ei, Aroma, Salz und Wasser in die Mehlmulde geben und mit einem Teil des Mehls zu einem dicken Brei verarbeiten. Die durchgepreßten Kartoffeln dazugeben, die Butter in Stückchen daraufgeben und alles zu einem glatten Teig verkneten, dabei das restliche Mehl einarbeiten. Den Teig auf ca. 25 × 60 cm ausrollen, quer in 6 Teile und die Rechtecke noch einmal diagonal in insgesamt 12 Dreiecke schneiden. Die Spitzen mit verschlagenem Eigelb bestreichen. Auf den breiten Teil je 1 Tl. Pflaumenmus geben, zu Hörnchen rollen und auf ein mit Backpapier ausgelegtes Backblech legen. Mit dem restlichen Eigelb bestreichen. Im vorgeheizten Ofen (220° C) ca. 20 Minuten backen.

Kartoffelküchlein

500 g gekochte Kartoffeln oder Püree
2 El. Butter
2 Eigelb
3 El. Mehl
Reibkäse
Salz
Muskat
Backfett

Butter und Eigelb schaumig rühren, Gewürze und den geriebenen Käse zufügen, mit dem Kartoffelpüree oder den geriebenen Kartoffeln und dem Mehl vermengen, daraus kleine Küchlein formen und im heißen Fett goldgelb herausbacken.

Kartoffelnudeln, überbacken

1 kg gekochte Kartoffeln
300 g Mehl
2 Eier
1 El. Fett
Salz
Zum Bestreuen: Brösel
Butter

Die abgekühlten Kartoffeln reiben und mit den übrigen Zutaten vermengen. Aus dem Teig fingerlange Nudeln formen und in siedendem Salzwasser kochen, bis sie oben schwimmen. Mit einem Schaumlöffel herausnehmen, in eine gut gebutterte Auflaufform füllen, mit Butterflocken und Bröseln bestreuen und im Ofen kurz überbacken.
Dazu: Gemüse, Salat oder Kompott

Kartoffel-Rindfleisch-Topf

500 g festkochende Kartoffeln
500 g Zwiebeln
150 g Sellerieknolle
Salz
2 Lorbeerblätter
125 g saure Sahne
250 g Möhren
500 g Rindfleisch
frisch gemahlener Pfeffer
1/4 l Wasser

Die Kartoffeln schälen, waschen und so teilen, daß sich möglichst gleich große, etwa 1/2 cm dicke Scheiben schneiden lassen. Die Zwiebeln schälen und in dicke Scheiben schneiden. Die Möhren putzen und ebenfalls in dicke Scheiben schneiden. Die Sellerie schälen und recht fein würfeln. Das Rindfleisch nach Belieben ganz lassen oder in Streifen oder Würfel schneiden. Die Kartoffeln mit dem Gemüse und dem Fleisch in einen Topf oder in eine feuerfeste Schale schichten und lagenweise mit Salz und Pfeffer würzen. Die Lorbeerblätter dazwischenlegen. Das Wasser

Tip

Die Sahne kann auch mit dem Wasser zum Garen vermischt werden, die Sauce ist dann cremiger und reicher im Geschmack.

dazugießen, den Topf oder die Form gut verschließen und auf der Kochstelle oder im Ofen etwa 1 Stunde leicht kochen lassen. Wer das Fleisch im Ganzen mitgegart hat, schneidet es nun in Scheiben. Auf Tellern anrichten, mit einem Klecks saurer Sahne krönen und sofort servieren.

Kartoffelstangen

125 g mehlige Kartoffeln
125 g Butter
Salz nach Geschmack
Kümmel
Mohn
125 g Mehl
1 Ei
grobes Salz

Die Kartoffeln waschen, schälen, kochen und heiß durch die Kartoffelpresse drücken oder reiben. Mit der Butter, dem gesiebten Mehl und Salz zu einem Teig verkneten. Den Teig in vier Portionen teilen, jede Portion zu Rollen formen und jede Rolle in 15 Stücke schneiden. Aus jedem Stück eine kleine fingerlange Stange rollen, mit dem Buntmesser mehrmals einkerben und mit verquirltem Ei bestreichen. Die Stangen abwechselnd oder nach Belieben mit Kümmel, Salz, Mohn bestreuen. Bei 200° C im vorgeheizten Ofen etwa 10 Minuten goldgelb backen. Lauwarm servieren; so schmecken die Stangen besonders aromatisch und einfach am besten.

Kartoffelstrudel

300 g festkochende Kartoffeln
250 g Mehl
1 Ei
1 Tl. Essig
80 g Butter
2 Eigelb
1/8 l saure Sahne
20 g in Rum eingelegte Rosinen
40 g flüssige Butter zum Bestreichen
abgeriebene Schale von 1/2 unbehandelten Zitrone
1/4 l Milch
2 El. Öl
1/8 l Wasser
1 Prise Salz
50 g Zucker
1 Prise Salz
50 g Zucker
1 Prise Salz
50 g geriebene Mandeln
2 Eiweiß
Butter für die Form
1 Pkt. Vanillinzucker

Die Kartoffeln schälen, waschen, kochen, heiß durch die Kartoffelpresse drücken und beiseite stellen. Für den Strudelteig das Mehl mit dem Öl, Ei, Wasser, Essig und Salz zu einem Teig verarbeiten und gut durchkneten. Der Teig muß sich glatt und geschmeidig anfühlen. In Alufolie wickeln

Tip

Einfachen Salatessig kann man wunderbar verfeinern, wenn man in die Essigflasche einen Zweig frischen Estragon steckt.

und im Kühlschrank mindestens ½ Stunde ruhen lassen. Auf einem mit Mehl bestäubten Küchentuch den Teig so lange ausziehen, bis er ganz durchsichtig ist. Man soll das Muster vom Küchentuch durchsehen können. Die Butter mit dem Zucker und dem Eigelb schaumig rühren. Das Salz und die Zitronenschale dazugeben. Den Kartoffelbrei einarbeiten. Die saure Sahne, die Mandeln und die Rosinen hinzufügen. Zuletzt das Eiweiß zu steifem Schnee schlagen und unterziehen. Den ausgerollten Strudelteig mit der flüssigen Butter mit einem Pinsel bestreichen. Die Kartoffelmasse auf den Teig setzen und auf vier Fünftel des Teiges verteilen. Den Strudel fest einrollen. Außen ebenfalls mit Butter einpinseln. Eine rechteckige Auflaufform oder Bratreine dick mit Butter einfetten, den Strudel mit der „Naht" nach unten hineinlegen und bei 180° C im vorgeheizten Ofen 20 Minuten backen. Die Milch mit dem Vanillinzucker aufkochen und über den Strudel gießen. Solange weiterbacken, bis die ganze Flüssigkeit aufgesogen ist (ca. 25 Minuten). Heiß servieren, am besten in der Form. Geschlagene Sahne oder Vanillesauce dazureichen.

Kartoffeltaschen

250 g festkochende Kartoffeln
125 g Butter
1 Pkt. Vanillinzucker
500 g Mehl
1 Prise Salz
8 Tl. Himbeerkonfitüre
Hagelzucker
125 g Zucker
2 Eier
1 Pkt. Backpulver
8 Tl. Aprikosenkonfitüre
1 Eigelb

Die Kartoffeln schälen, waschen und kochen. Abgießen,

ausdampfen lassen und durch die Kartoffelpresse drücken. Die Butter mit dem Zucker, Vanillinzucker und den Eiern zu den Kartoffeln geben. Das Mehl mit dem Backpulver darübersieben, das Salz zugeben und einen Knetteig herstellen. Den Teig in 2 Portionen teilen. Die eine Teighälfte ausrollen und 8 × 10 cm große Rechtecke ausradeln. Auf jedes Rechteck 1 Tl. Aprikosenkonfitüre geben, übereinanderklappen und mehrmals einradeln. Die andere Teighälfte ebenfalls ausrollen, runde Plätzchen (ca. 8 cm) ausstechen und mit 1 Tl. Himbeerkonfitüre füllen; zu Halbmonden zusammenklappen. Beide Gebäcksorten mit Eigelb bestreichen, mit Hagelzucker bestreuen und 10–15 Minuten bei 190° C im vorgeheizten Ofen goldbraun backen.

Käseauflauf (Brandteig)

100 g Butter
125 g Mehl
1/2 l Milch
125 g Reibkäse
Paprika
1 Msp. Kümmel
6 Eier
Salz

Die Butter in einer Kasserolle schmelzen, das Mehl zugeben und hellgelb anschwitzen, die Milch beifügen und unter ständigem Rühren zu einem Kloß kochen. Alles abkühlen lassen, nacheinander Eigelb und den geriebenen Käse zurühren und zuletzt den steifen Eierschnee unterziehen. Den Auflauf in eine große Form oder in kleine Förmchen füllen, im vorgeheizten Rohr 30 bis 40 Minuten backen und sofort anrichten.
Dazu: grüner Salat

Tip

Alte, harte Käsereste reiben und in luftdichtem Gefäß einfrieren. So ist der Käse noch bestens für Aufläufe zu verwenden.

Käsekrusteln

1/2 Tasse geriebener Parmesan
1 Eigelb
Paprika
Butter
4 Scheiben Weißbrot

Das Weißbrot entrinden, mit Butter bestreichen und in 3 cm breite Streifen schneiden. Den Parmesan mit Eigelb und Paprika zu einer Paste verrühren, nach Belieben etwas Sahne zugeben, die Brotstreifen damit dick bestreichen, auf ein gebuttertes Blech setzen und im Rohr überbacken.
Dazu: Suppen nach Geschmack

Käsekuttel-Auflauf

Zum Teig:
1 1/2 Tassen Mehl
2 Tassen Milch
3 Eier
2 El. Wein
Salz
Muskat

Zur Füllung:
2 Tassen Spinatgemüse
Zur Sauce:
1 Tasse Sahne oder Milch
8 El. Reibkäse
2 El. Tomatenmark
Salz

Aus den angegebenen Zutaten einen Pfannkuchenteig bereiten, dünne Fladen herausbacken und in Streifen schneiden. In eine feuerfeste, gefettete Glasform lagenweise mit dem Spinat einfüllen. Die übrigen Zutaten zu einer Sauce verquirlen, damit den Auflauf begießen und im Rohr 25 Minuten überbacken.
Dazu: Spargelsalat

Käsespätzle

Spätzle aus 500 g Mehl
100 g Reibkäse

Zwiebelbutter

Die Spätzle zubereiten. Lagenweise Spätzle und reichlich geriebenen Käse auf eine heiße Platte häufen, das Ganze mit Zwiebelbutter oder mit gerösteten Zwiebelwürfeln bestreuen.
Dazu: grüner Salat

Käsespätzle

Für 2 Personen:

Spätzleteig von 400 g Mehl
2 große Zwiebeln
2 El Öl
125 g geriebener Käse

Die Spätzle zubereiten, in Salzwasser garen, in eine Schüssel geben und diese im auf 200⑩ C vorgeheizten Backofen warm stellen. Das Öl in einer Pfanne erhitzen. Die Zwiebeln schälen, würfeln und im Öl goldbraun braten. Die Spätzle mit dem Käse lagenweise in eine warme feuerfeste Schüssel geben. Zum Schluß die gerösteten Zwiebeln hinzufügen und alles 5–10 Minuten im Backofen gut heiß werden lassen, damit der Käse schmilzt.

Krautkrapfen

Zum Teig:
500 g gekochte passierte Kartoffeln
200 g Mehl
1 Ei
Salz
Zur Krautfülle:
1 kleiner Krautkopf
50 g Fett
20 g Zucker
Salz, Pfeffer
1 Zwiebel
Zum Rösten:
Butter
Bröseln

Die Teigzutaten miteinander verkneten und auf bemehltem Brett messerrückendick ausrollen. Für die Fülle das Kraut fein schneiden, waschen und in heißem Fett mit den Gewürzen und der gehackten Zwiebel weich dünsten, zuletzt im Fett noch etwas schmoren lassen. Mit dieser Krautfülle

die Hälfte der Teigplatte in 2 cm breiten Abständen belegen, die Zwischenräume mit geschlagenem Eiweiß bestreichen, den Teig überklappen, zusammendrücken und mit dem Teigrädchen viereckige oder halbkreisförmige Krapfen ausrädeln und, in kochendes Salzwasser eingelegt, 5 Minuten kochen. Die Krapfen mit dem Schaumlöffel herausnehmen, in gerösteten Bröseln wenden und auf einer Platte anrichten.
Dazu: grüner Salat

Krautrouladen

1 Kopf Weißkraut
50 g gemischtes Hackfleisch
1 Ei
gehackte Petersilie
1 gehackte Zwiebel
Salz
Pfeffer
4 El. Fett
1 Tasse Brühe
1 El. Mehl
2 El. Tomatenpüree
1/2 Tasse Sahne

Den geputzten Krautkopf in Salzwasser kochen, Blätter ablösen und die Rippen flach schneiden, die kleineren Blätter fein hacken und mit dem Fleisch, Ei, Zwiebel, Petersilie und Gewürzen vermischen. Die Füllung auf die Krautblätter verteilen, diese zusammenwickeln und mit Zwirn umbinden. Nun die Krautwickel im heißen Schmalz anbraten, mit etwas Brühe übergießen und zugedeckt auf kleiner Flamme etwa 1 Stunde dünsten oder aufgedeckt in den heißen Backofen stellen; wenn die Wickel gar und knusprig sind, auf eine vorgewärmte Platte legen und mit Sauce aus dem Bratzsatz mit Mehl, Brühe, Sahne und Tomatenpüree übergießen.

Krautspätzle

Spätzle aus 500 g Mehl
3 Tassen Sauerkraut
Zwiebelbutter
Eier
4 El. saure Sahne

Die Spätzle zubereiten, auf eine heiße Platte abwechselnd Spätzle und fertig gekochtes Sauerkraut schichten und mit Zwiebelbutter übergießen.

Kohlrabi, gefüllt

4 Kohlrabi
Salzwasser
1 Tl. feingehackte Petersilie
1 feingehackte Zwiebel
150 g Bratenreste oder gehacktes Kalbfleisch
1 El. Butter
1 Ei
Salz
Pfeffer
Kohlrabiabfälle
2 Tassen Buttersauce

Von den geschälten Kohlrabi Deckel abschneiden, die später als Kappe verwendet werden sollen. Die Kohlrabi aushöhlen und alles in Salzwasser halb weich kochen und abtropfen lassen. Nun in heißer Butter Zwiebel und Petersilie andünsten, vom Herd nehmen und mit dem Fleisch, weichgekochtem, durchpassiertem Kohlrabimark sowie Eigelb, Gewürzen und unterzogenem Eierschnee die Füllung zubereiten. Damit die Kohlrabi füllen und, mit den Kappen bedeckt, dicht nebeneinander in eine flache Kasserolle setzen, mit Buttersauce übergießen und fertig dünsten.

Kohlrabi mit Senfrahm

4 Kohlrabi
1 Tasse saure Sahne
1 Tl. Senf
Salz, Pfeffer
Zucker
Dill
1–2 Tomaten
1 Ei

Die Kohlrabi schälen und in dünne Streifen schneiden. Die saure Sahne mit Senf, Salz, Pfeffer, Dill und Zucker verquirlen, die Kohlrabi damit anmachen, mit den Tomatenscheiben umgeben und mit dem hartgekochten, gehackten Ei bestreuen.

Leipziger Allerlei

je 125 g Erbsen
Karottenwürfel
Spargelsücke
Blumenröschen
2 El. Butter
1/8 l Brühe
gehackte Petersilie
1 Tl. Stärkemehl

Alles junge Gemüse in Fett und Brühe dünsten, die übrige Flüssigkeit mit angerührtem Stärkemehl binden, abschmecken und mit Petersilie bestreuen. Oder man dämpft jedes Gemüse einzeln und schwenkt erst danach alle zusammen in Butter.

Linsen mit Speck

300 g gekochte Linsen
1/8 l Brühe
Speck
Salz
Pfeffer
1/2 Glas Rotwein

Den gewürfelten Speck anrösten, die gekochten Linsen mit etwas Brühe und Gewürzen kurz dünsten und, mit dem Rotwein verfeinert, in Kartoffelnester gefüllt anrichten.

Niedernauer Kartoffeln

55 g Kartoffeln
2 El. Fett
Petersilie
Salz
Pfeffer
1 El. saure Sahne
1 Ei

Die abgekochten, kalten Kartoffeln schälen, in kleine Würfel schneiden, in heißem Fett in einer Kasserolle mit den Gewürzen darin anbraten und das mit der sauren Sahne verquirlte Ei darübergießen und noch kurz braten, bis das Ei gestockt ist.

Paprika, gefüllt

6–8 Paprikaschoten
200 g gemischtes Hackfleisch
1 Ei
1Tasse gekochter Reis
Petersilie
Salz
Pfeffer
3 El. Butter
2 Tassen Tomatensauce

Von den gewaschenen Paprikaschoten die Stiele mit Boden abschneiden und das Kernhaus entfernen, den Reis mit Fleisch und Gewürzen vermengen, die Schoten damit füllen und die Böden wieder aufsetzen. Die Schoten in eine gebutterte Kasserolle setzen und mit etwas Wasser zugedeckt weich dünsten, die dicke Tomatensauce über die fertigen Paprikaschoten gießen, kurz aufkochen und anrichten.
Dazu: Reis, Kartoffelpüree oder Teigwaren

Pfifferlinge mit Reisrand

250 g Reis
1 kg Pfifferlinge
4 El. Butter
1 große Zwiebel
1 El. gehackte Petersilie
Salz, Pfeffer

Den Reis in Salzwasser trocken kochen, eine Ringform ausfetten, den Reis hineinfüllen und im Wasserbad 10 Minuten ziehen lassen. Die Pilze putzen, waschen, zerkleinern und in der Butter mit den Gewürzen dünsten. Auf eine vorgewärmte Platte den Reisring stürzen, in der Mitte die Pfifferlinge anrichten und alles mit der Petersilie bestreuen.
Dazu: Blattsalat

Pfifferlinge mit Bayerischen Semmelknödeln

$^1/_2$ bis $^3/_4$ kg Pfifferlinge
1 feingewiegte Zwiebel
4 El. Butter oder Öl
Zitronensaft
Salz, Pfeffer
1 El. Mehl
1 El. gehackte Petersilie

Die Pilze putzen, waschen, blättrig schneiden und mit der Zwiebel und den Gewürzen im heißen Fett weich dünsten, mit Mehl überstäuben und mit Wasser ablöschen, auffüllen und durchkochen. Die Petersilie darüberstreuen und nach Belieben Sahne und Würze zugeben.
Dazu: Bayerische Knödel

Pilzauflauf mit Nudeln

250 g Nudeln
500 g Pilze
3 El. Butterschmalz
gehackte Petersilie
Salz, Pfeffer
2 El. Brösel
1 El. Butter

Die Nudeln kochen, schwenken und abtropfen lassen. Die Pilze putzen, waschen, klein schneiden, im Butterschmalz dünsten und mit den Gewürzen abschmecken. Die Nudeln mit den Pilzen lagenweise in eine gebutterte Auflaufform füllen, mit Butterflöckchen und Bröseln bestreuen, nach Belieben noch mit einer Tasse saurer Sahne begießen und im Ofen überbacken.

Rahmpudding

1 1/2 Tassen saure Sahne
70 g Mehl
5 Eier
Salz
3 El. Butter
3 El. Reibkäse
150 g grüne Bohnen
Butter und Mehl für die Form

Die saure Sahne mit Mehl, Eigelb und Salz verquirlen und mit dem steifen Eierschnee vermengen. Die Masse in die vorbereitete Puddingform füllen, 1 Stunde im Dampf kochen, auf eine gewärmte Platte stürzen und mit zerlassener Butter und Reibkäse bestreuen. Den Pudding mit in Salzwasser gekochten grünen Bohnen umlegen.

Reibekuchen

1 kg rohe Kartoffeln
Milch oder Wasser
2–3 El. Mehl
Salz
Bratfett

Die geschälten Kartoffeln fein reiben (das sich sammelnde Wasser abgießen) und mit Milch oder Wasser, Mehl und Salz zu einem dicken Teig verarbeiten. Mit einem Schöpflöffel eine Teigportion in die gefettete, heiße Pfanne geben, dünn ausstreichen und auf beiden Seiten golbgelb ausbakken. Mit Salz oder Zucker bestreut auf einer heißen Platte möglichst frisch servieren.
Dazu: Apfelmus

Rheinischer Kartoffelkuchen

1 kg festkochende Kartoffeln
3 Zwiebeln (200 g)
frisch gemahlener Pfeffer
50 g Butterschmalz
Salz
4 Eier
200 g durchwachsener Speck

Die Kartoffeln schälen, waschen und grob raffeln. Die Zwiebeln schälen, halbieren und in dünne Scheiben schneiden. Alles vermischen, mit Salz und Pfeffer würzen. Die verquirlten Eier darunterheben. Einen Bräter mit 20 g Butterschmalz einfetten und die Kartoffel-Zwiebel-Masse hineinfüllen. Den Speck in feine Würfel schneiden. Das restliche Butterschmalz in einer Pfanne erhitzen, den feingewürfelten Speck unter Rühren anbräunen und über die Kartoffelmasse geben. Offen im vorgeheizten Ofen bei 220° C in 40–45 Minuten backen.
Dazu: Apfelmus oder Preiselbeerkompott

Rotkraut mit Sahne

350 g Rotkraut
Saft einer Zitrone
3 El. Honig
1 Tasse Sahne
Haferflocken oder Nüsse

Das Rotkraut waschen und fein hobeln, den Zitronensaft mit dem Honig vermengen, das Kraut damit anmachen und 15 Minuten ziehen lassen, die Sahne unterziehen und alles mit Haferflocken oder gehackten Nüssen bestreuen.

Rübeneintopf mit Kasseler

1–2 El. Butter
1 Zwiebel
250 g Kartoffeln
400 g Steckrüben
2 Lorbeerblätter
einige Nelken
einige Wacholderbeeren
einige Pfefferkörner
1 l Fleischbrühe
Salz
Pfeffer
1 Prise Zucker
1 Prise Muskat
400 g Kasseler
1 Bund Schnittlauch

Die Butter in einem Topf erhitzen und die geschälte und fein gewürfelte Zwiebel darin glasig schwitzen. Die Kartoffeln schälen und in Würfel schneiden. Die Steckrüben putzen, schälen und ebenfalls würfeln. Die Kartoffeln und die Steckrüben zu den Zwiebeln geben und kurz anschwitzen. Die Lorbeerblätter, Nelken, Wacholderbeeren und Pfefferkörner in einen Gewürzbeutel geben, mit Fleischbrühe angießen und das Ganze zum Kochen bringen. Den Gewürzbeutel in die Suppe geben und die Suppe bei mäßiger Hitze in 15–20 Minuten garen. Den Rübeneintopf mit Salz, Pfeffer, Zucker und Muskat kräftig abschmecken, das Kasseler in Scheiben schneiden und in der Brühe erhitzen. Den Rübeneintopf nochmals abschmecken, anrichten, die Kasselerscheiben darauflegen, das Ganze ausgarnieren und mit frischgeschnittenem Schnittlauch bestreut servieren.

Sauerkrautpastete

1 Pkg. Pastetenteig
500 g Sauerkraut
1 Tasse Sahne oder Milch
3 El. Tomatenmark
1 El. Paprika
Speck oder Würstchen
Eigelb

Eine Auflaufform mit dem dünn ausgewellten Teig ausfüttern. Nun abwechselnd Sauerkraut und die kurz gebrühten Würstchen oder angebratenen Speckscheiben einfüllen, die Sahne, Tomatenmark und Paprika verquirlen und darübergießen, mit einer Teigplatte bedecken, in diese einige Löcher stechen, damit der Dampf abziehen kann, oder den Teig in Streifen ausrädeln und als Gitter über die Füllung verflechten; mit Eigelb bepinselt bei guter Hitze etwa 1 Stunde backen.

Tip

Wenn Ihnen das Sauerkraut zu scharf ist, können Sie es einmal mit heißem Wasser überbrühen.

Schinkengratin

700 g mehlige Kartoffeln
350 g mageres Selchfleisch
80 g Emmentaler
1/8 l Crème fraîche
1/8 l Milch
1/8 l Sauerrahm
3 Eier
Salz, Pfeffer aus der Mühle
etwas geriebene Muskatnuß
Butter für die Form

Eine Backform gut buttern; die Erdäpfel waschen, schälen und in 4 cm dünne Scheibchen schneiden; das Selchfleisch in kleine Würfel schneiden. Die Crème fraîche mit Milch, Sauerrahm und den Eiern glatt versprudeln; sodann mit Salz, Pfeffer und Muskatnuß würzen.
Den Käse fein reiben, die Erdäpfenscheiben abwechselnd mit dem Schinken in die Form schichten und mit dem Käse bestreuen; mit der Rahmmischung übergießen und im vorgeheizten Backrohr bei 200° C etwa 40 Minuten lang überbacken. Den Auflauf heiß servieren.
Dazu: grüner Salat

Schinkenpfannkuchen

2 Dotter
1/16 l Milch
1 El. Mehl
Salz
5 0 g Schinken
2 Eiweiß
Butter zum Backen

Dotter, Milch und Mehl und Salz versprudeln, kleingeschnittenen Schinken und Schnee einheben und daraus Pfannkuchen backen.

Schinkennudeln

3 l Wasser
1 El. Salz
1 Tl. Öl
250 g Bandnudeln
150 g gekochter Schinken
1/8 l süße Sahne
2–3 Eier
Muskat
5 El. geriebener Emmentaler

Die Nudeln in reichlich kochendem Salzwasser mit etwas Öl kochen, abgießen und in einen Topf geben. Den Schinken von der Schwarte befreien, in Streifen schneiden und unter die Nudeln mischen. Die Sahne mit Eiern, Salz und Muskat verschlagen und unter die Nudeln rühren. Das Ganze bei mäßiger Hitze nicht ganz stocken lassen. Dann in eine vorgewärmte Schüssel geben und mit Käse bestreuen.
Dazu: grüner Salat

Schneepfannkuchen

2 1/2 Tassen Mehl
1 Tasse Milch
3 Eier
Salz
Muskat
Fett

Die Eier trennen. Aus dem Eigelb und den übrigen Zutaten – außer dem Fett – einen ziemlich dicken Teig rühren und zuletzt den steifen Eierschnee unterziehen. In einer Pfanne das Fett erhitzen, darin kleine Pfannkuchen einlegen, auf beiden Seiten goldbraun backen und sofort auf heißer Platte anrichten.
Dazu: Gemüse oder grüner Salat

Speckklöße

150 g Speck
120 g entrindetes Weißbrot
$1^{1}/_{2}$ Tassen Mehl
1 Ei
1 Eigelb
1 Tasse Milch
Basilikum
gehackte Petersilie
Salz
Pfeffer

Den Speck würfeln und glasig braten. Das Weißbrot ebenfalls in Würfel schneiden und in die Speckpfanne geben, so daß das Fett gut eindringen kann. Erkalten lassen und in eine tiefe Schüssel füllen. Das Mehl mit Milch, Eiern und Gewürzen gut verkneten, über die Brotwürfel gießen und 15 Minuten durchziehen lassen, bis alle Flüssigkeit aufgesogen ist. Mit nassen, kalten Händen den Teig gut durchkneten, dann mit bemehlten Händen Klöße formen und diese in schwach kochendem Salzwasser zugedeckt 15 Minuten gar ziehen lassen.

Tip

Speck läßt sich leichter in Scheiben schneiden, wenn man ihn vorher kurz in das Gefrierfach legt.

Gefüllte Sellerie

4 mittlere Sellerieknollen
1 El. glattes Mehl
Saft von 1/2 Zitrone
Salz, Pfeffer
350 g gemischtes Faschiertes
2 Semmeln
Milch zum Anweichen
1 Ei
2 Dotter
2 El. feingesiebte Semmelbrösel
1 kleine Zwiebel
1 El. Öl
3 Knoblauchzehen
einige Blättchen Liebstöckel
1/2 Bund Petersilie
50 g geriebener Parmesan
einige Butterflöckchen
Butter für die Form

Sellerieknollen waschen und schälen und in kaltem, mit Mehl, Salz und Zitronensaft angerührten Wasser zum Kochen bringen und auf kleiner Flamme zugedeckt weich kochen; in einem Sieb kalt abschrecken und erkalten lassen, aushöhlen, und das Ausgestochene fein hacken. Die Knollen innen mit Salz und Pfeffer würzen. Die Semmeln in Würfeln schneiden, in der Milch anweichen und gut ausdrücken. Zwiebel schälen und fein hacken; in einem Eßlöffel Öl goldgelb rösten und erkalten lassen. Knoblauch schälen und fein hacken; Liebstöckel und Petersilie waschen und ebenfalls fein hacken.
Das Faschierte mit Zwiebel, Knoblauch, Semmelwürfeln, Semmelbröseln, Ei und Dotter, sowie Liebstöckel, Petersilie, Salz und Pfeffer zu eine rnicht zu festen Massen verarbeiten; die gehackte Sellerie beifügen und die Masse in die ausgehöhlten Sellerieknollen füllen. Diese sodann in eine gebutterte, feuerfeste Pfanne setzen und mit Parmesan bestreuen; mit Butterflöckchen belegen und im vorgeheizten Backrohr bei 210° C etwa 30 Minuten lang überbacken.

Spinatpfannkuchen

250 g Spinat
1–2 Eier
3 El. Mehl
Salz
Milch
Butter

Den Spinat waschen, klein schneiden und mit dem Mehl, den Eiern, etwas Milch und Salz zu einem Teig vermengen. In heißem Fett die Pfannkuchen auf beiden Seiten herausbacken.
Dazu: Kapern- oder Tomatensauce, Salate

Spinatpudding

500 g Spinat
4 Brötchen
3 Eier
1 Tasse Milch
4 El. Butter
Salz
Muskat
1 El. gehackte Petersilie
1 El. gehackte Zwiebel

Den Spinat putzen, waschen, weich kochen und abschütten, mit kaltem Wasser abschrecken, ausdrücken und durchpassieren. Die in etwas Milch eingeweichten Brötchen ausdrücken, zerpflücken und mit Zwiebeln und Petersilie in der Butter andünsten, zuletzt den Spinat zugeben und kurz mitdünsten. Die Masse vom Feuer nehmen, Eigelb unterrühren, abschmecken und abkühlen lassen, dann

den steifen Eierschnee unterziehen, alles in eine Puddingform füllen und im Wasserbad 1 Stunde kochen.
Dazu: Saucen

Tip

Spinat niemals aufwärmen, da sich dabei das giftige Nitrit bildet.

Tomaten, gefüllt

6–8 Tomaten
125 g Reis
1 El. Olivenöl
3 El. Tomatenpüree
1 gehackte Zwiebel
Fleischbrühe
Brösel
Reibkäse
Olivenöl
Salz
Pfeffer

Die gewaschenen Tomaten abtrocknen und ein Deckelchen abschneiden, mit silbernem Löffel aushöhlen, ohne die äußere Haut zu verletzen. Den Reis mit Olivenöl, Tomatenpüree, Zwiebel, Pfeffer, Salz und Fleischbrühe in der heißen Röhre etwa 25 Minuten dünsten, er muß körnig und trokken sein; die Tomaten damit füllen, mit Bröseln und Reibkäse bestreuen und mit Olivenöl beträufelt im heißen Rohr etwa 10 Minuten bräunen.

Tomaten mit Fleischfüllung

8 Tomaten
200 g Bratenreste oder Schinken
1 gehackte Zwiebel
1 El. gehackte Petersilie
2 El. Butter
1 Ei
Salz
Pfeffer
2 El. Parmesan
Brösel
Butter

Von den Tomaten Deckelchen abschneiden und aushöhlen, die Bratenreste oder den Schinken fein verwiegen und die Butter mit Petersilie und Zwiebeln durchdünsten, vom Herd nehmen und mit Ei und Gewürzen vermengen. Nun die Tomaten damit füllen, auf den Rost oder auf eine gefettete Gratinierplatte setzen, mit geriebenem Parmesan und Bröseln bestreuen, mit zerlassener Butter beträufeln und 15 Minuten im heißen Backofen braten.
Dazu: Reis

Gebackene Zwiebeln

4 weiße Gemüsezwiebeln
Salz, Pfeffer
Mehl zum Andrücken
2 Eier
4 El. Semmelbrösel
4 El. geriebener Parmesan
Öl zum Backen
Salatblätter, Tomaten- und Zitronenachtel zum Garnieren

Sauce:
2 El. Mayonnaise
4 El. Sauerrahm
einige Spritzer Worcestersauce
etwas Zitronensaft
Salz, weißer Pfeffer
3 El. beliebige, frisch gehackte Kräuter

Für die Sauce den Sauerrahm mit Mayonnaise, Worcestersauce und Zitronensaft vermengen, danach mit den Kräutern sowie mit Salz und Pfeffer würzen, glatt verrühren und kalt stellen. Die Semmelbrösel mit dem Parmesan vermischen; die Zwiebeln schälen, halbieren und quer zu den Ringen $1^1/_2$ cm dicke Scheiben abschneiden (die restlichen Zwiebelanschnitte können anderweitig verwendet werden); die Zwiebelscheiben mit Salz und Pfeffer würzen.
Die Zwiebelscheiben zuerst in Mehl, danach in den versprudelten Eiern und zuletzt im Semmelbrösel-Parmesangemisch panieren; anschließend in gut erhitztem Öl unter mehrmaligem Wenden zu schöner, goldgelber Farbe bakken; herausnehmen und auf Küchenkrepp abtropfen lassen. Die gebackenen Zwiebel mit der Kräutersauce anrichten und mit Salatblättern, Zitronen- und Tomatenspalten garnieren.

Nachspeisen und Mehlspeisen

Apfelauflauf

500 g mürbe Äpfel
Zucker
1 El. Rosinen
2 El. Butter
1 Tasse Weißwein
3 Eier
1 Tasse Sahne oder Milch
4 Tl. Stärkemehl
200 g Quark
4 Tl. Zucker
1/2 Tasse Zucker und Zimt
1 El. gehackte Mandeln

Die Äpfel schälen, in sehr dünne Scheiben schneiden und in einer gefetteten Auflaufform mit Zucker, Rosinen, Wein und Butterflocken im Rohr zugedeckt weich dünsten. Die anderen Zutaten verquirlt über die Äpfel gießen und mit einigen gehackten Mandeln und Butterflocken bestreut ohne Deckel goldbraun backen.

Tip

Ausgetrocknete Äpfel werden wieder aromatisch, wenn man sie aufschneidet und die Scheiben mit Apfelmost besprengt.

Äpfelauflauf mit Mandelguß

1 kg mittelgroße, säuerliche Äpfel
2–3 El. Butter
1/2 Tasse Korinthen
100 g Zucker und Zimt
2 El. gehacktes Zitronat und Orangeat

Für den Guss:
6 Eier
150 g Zucker
125 g geriebene Mandeln

Äpfel schälen und das Kernhaus herausstechen. Mit Butter zugedeckt auf kleiner Flamme halb weich dünsten. Gewaschene, getrocknete Korinthen, Zucker und Zimt, Zitronat und Orangeat vermengen und die Äpfel damit füllen. In eine gefettete Auflaufform dicht nebeneinander legen, Eigelb, Zucker und Mandeln dickrühren und steifen Eischnee unterziehen. Die Masse über die Äpfel gießen und etwa 45 Minuten bei mittlerer Hitze backen. Den Auflauf warm oder kalt – zu Kaffe und Tee – reichen.

Äpfelbettelmann

500 g Äpfel
3 El. Zucker
250 g geriebenes Schwarzbrot
3 El. Butter
Zimt
1/2 Zitrone mit Schale
1 El. Korinthen
1 El. gehackte Mandeln

Die Äpfel schälen und in dünne Scheiben schneiden. Mit 1 El. Zucker und 1/2 Tasse Wasser weich kochen. Das geriebene Brot in Butter anrösten, mit dem restlichen Zucker, etwas Zimt, der geriebenen Zitronenschale, den Mandeln und Korinthen vermengen. Die Hälfte des Brotes in eine eingefettete Auflaufform geben, die Äpfel darauflegen und mit dem restlichen Brot füllen. Butterflocken daraufstreuen und im Ofen überbacken. Mit Zimt und Zucker bestreut servieren.

Apfelreis

125 g Reis
6 Äpfel
1 El. Butter
Salz

Reis in 2 Liter Salzwasser halb gar kochen. Soviel Wasser abgießen, daß der Reis gerade noch davon bedeckt ist. Butter und geschälte, geschnittene Äpfel zugeben und zugedeckt fertig dünsten. Nach Geschmack 1 Glas Wein und etwas Zucker zugeben.

Apfelreisauflauf

100 g Reis
1/2 l Milch
Salz
4 El. Butter
3 El. Zucker
Schale von 1/4 Zitrone
3 Eier
500 g Äpfel
Butter

Gewaschenen Reis in die kochende, gesalzene Milch gießen und körnig kochen. Butter schaumig rühren und mit Zucker, geriebener Zitronenschale und Eigelb schaumig schlagen. Den ausgekühlten Reis untermengen und Eischnee unterziehen. In eine eingefettete Auflaufform die Hälfte der Masse einfüllen. Geschälte, blättrig geschnittene Äpfel darüberlegen und den restlichen Reis darüberdecken. Im vorgeheizten Ofen mit Butterflocken bedeckt etwa 45 Minuten backen.

Aprikosenkuchen

1 kg Mürbeteig oder Blätterteig
Aprikosen
100 g Zucker
1 Gläschen Kirschwasser oder Rum
100 g Mandeln
4–5 Makronen
abgeriebene Schale von 1 Zitrone
1/2 Msp. Zimt

Tip

Wenn Sie Blättertig zwischen zwei Lagen Butterbrot- oder Backpapier ausrollen, sprühen Sie einige Tropfen Wasser unter die unterste Lage auf den Tisch. Dann rutscht das Ganze nicht mehr weg.

Mürbe- oder Blätterteig zubereiten und eine Springform damit auslegen. Die Aprikosen halbieren und entsteinen. Mit Alkohol und Zucker vermengen und 1 Stunde ziehen lassen, dabei öfters schütteln. Feingehackte Mandeln, zerbröckelte Makronen, Zitronenschale und Zimt vermischen. Mit einem Teil davon den Teig bestreuen. Die Aprikosen mit der Schnittfläche nach unten dicht nebeneinander auf den Teig legen. Die restliche Mandelmasse darüberstreuen. Das Aprikosensaft-Alkohol-Gemisch dickkochen und den Kuchen nach dem Backen damit übergießen. Bei Verwendung von Mürbeteig bei mittlerer Hitze, bei Blätterteig in guter Hitze backen.

Bischofsbrot

250 g Zucker
6 Eier
abgeriebene Schale von 2 Zitronen
150 g gemahlene Mandeln oder Nüsse
125 g Sultaninen
125 g Schokoladestückchen
125 g geschnittene Quittenpaste oder kandierte Früchte
200 g Mehl
1 Tl. Backpulver
150 g Kuvertüre

Die Eier und den Zucker dick und schaumig rühren. Dann die übrigen Zutaten der Reihe nach unterrühren. Zum Schluß das Mehl mit dem Backpulver vermischen und vorsichtig unter den Teig mischen. Eine Kastenform ausfetten und mit Semmelbröseln ausstreuen. Den Teig einfüllen und bei mittlerer Hitze 50–60 Minuten backen. Nach dem Erkalten mit der geschmolzenen Kuvertüre überziehen.

Biskuit-Apfelkuchen

125 g Butter
120 g Zucker
3 Eigelb
Saft und Schale von 1/2 Zitrone
275 g Mehl
1/2 Pkt. Backpulver
6 El. Milch
3 Eiweiß
500 g Äpfel

Die Äpfel schälen, entkernen und in Spalten schneiden. Die Butter schaumig rühren. Den Zucker, die Eigelb, den Zitronensaft und die geriebene Schale zufügen. Das mit dem Backpulver vermischte und gesiebte Mehl abschechselnd mit der Milch unterrühren. Die Eiweiß steifschlagen und lose unterziehen. Eine Springform fetten und mit Backpapier auslegen. Den Teig einfüllen und die Apfelschnitze darauflegen. Bei guter Mittelhitze 45–60 Minuten backen. Anstatt Äpfeln können auch Kirschen, Pflaumen usw. verwendet werden.

Biskuitauflauf

Löffelbiskuits
Erdbeeren oder Himbeeren
1 Glas Rum
2–3 Eier
1 El. Mehl
3 El. Zucker

Eine mit Butter ausgestrichene Auflaufform mit Biskuits auslegen. Die Früchte zuckern, mit Rum besprengen und 5 Minuten ziehen lassen. Über die Biskuits geben. Die übrigen Zutaten verquirlen, den Eischnee unterziehen und über die Früchte gießen. In 20–30 Minuten zu schöner Farbe backen und sofort anrichten.

Butterhörnchen

500 g Mehl
20 g Hefe
$1^1/2$ Tassen Milch
150 g Butter
Salz

Die Hefe in $^1/2$ Tasse lauwarmer Milch anrühren. So viel Milch zugeben, daß eine Art Pfannkuchenteig entsteht; an einem warmen Ort gehen lassen. Danach mit der restlichen Milch, dem Mehl und 3 El. Butter zu einem zarten Teig verarbeiten. Den Teig mindestens 2 Stunden oder möglichst über Nacht kühl stellen. Dann in etwa 20 bis 25 Stücke teilen und jedes dünn und oval ausrollen. Die restliche Butter zerlassen und die Teigstückchen damit bestreichen und zu Hörnchen biegen. Auf ein mit Backpapier ausgelegtes Backblech setzen und gehen lassen. Die Hörnchen mit Wasser bestreichen und im heißen Ofen goldgelb backen. Nach Belieben noch heiß mit zerlassener Butter bestreichen.

Grießauflauf

200 g Grieß
$^3/4$ l Milch
3 El. Butter
5 El. Zucker
Schale von $^1/2$ Zitrone oder Vanillezucker
2–3 Eier
1 Prise Salz

Den Grieß in der kochenden Milch mit der Butter und Salz zu einem dicken Brei kochen. Die Eigelb mit dem Zucker schaumig rühren, den abgekühlten Grießbrei damit vermengen und den steifen Eischnee unterziehen. In eine gefettete Form füllen und im Ofen zu schöner Farbe backen. Dazu: Kompott oder Fruchtsaft

Hasenohren

1 Ei
2 Eigelb
4 El. Zucker
2 El. Sahne
1 Tl. Rum
Mehl
Backfett

Die Eier und den Zucker verrühren. Rahm, Rum und so viel Mehl zugeben, daß sich ein Teig kneten läßt. Diesen auswellen, Vierecke ausrädeln und über einen Kochlöffel wickeln. Schwimmend im heißen Fett herausbacken.

Hefewaffeln

375 g Mehl
25 g Hefe
wenig lauwarmes Wasser
150 g Butter
75 g Zucker
4 Eier
1/2 Tasse saure Sahne
1 Prise Salz
Schale von 1/4 Zitrone
Fett
Zimt oder Vanillezucker

Die Hefe, lauwarmes Wasser, 1 El. Mehl und 1 Tl. Zucker anrühren und in der Wärme gehen lassen. Aus den übrigen Zutaten einen Teig bereiten. Die hochgegangene Hefe zugeben und gut durcharbeiten. Den Teig etwas gehen lassen. Im gefetteten heißen Waffeleisen portionsweise goldgelb backen. Mit Zucker und Zimt oder Vanillezucker bestreut servieren.

Hobelspäne

$4^{1}/_{2}$ Tassen Mehl
1 Pkt. Backpulver
2–3 Eier
$^{1}/_{2}$ Tasse Zucker
1 Tl. Rum
125 g Butter
Backfett
Puderzucker

Das Mehl mit dem Backpulver aufs Backbrett sieben und zu einem Kranz auseinanderziehen. Die Eier, den Zucker und den Rum in die Mitte geben und verrühren. Die sehr kalte Butter in Stückchen hineinpflücken und mit dem Mehl bedecken. Alles rasch zu einem festen Teig zusammenkneten und messerrückendick auswellen. In 10 cm lange und $2^1/_2$ cm breite Streifen rädeln. In das Ende des Streifens einen Schlitz schneiden und durch diesen das andere Ende zweimal hindurchschlingen. In heißem Fett schwimmend goldbraun backen, entfetten und mit Puderzucker bestreuen.

Käse-Waffeln

125 g Butter
2 Eigelb
3 El. Sahne
50 g Reibkäse
Salz
Pfeffer
Muskat
200 g Mehl
Fett

Butter schaumig rühren. Eigelb, Rahm, Käse und Gewürze zurühren und das Mehl untermengen. Den Teig 1 Stunde kühl ruhen lassen. Das Waffeleisen erhitzen und mit Fett auspinseln. In jede Herzform eine nußgroße Teigkugel setzen. Das Eisen schließen und die Waffel goldgelb backen. Warm oder kalt servieren.

Kirschpfannkuchen

500 g Kirschen
4 Brötchen
4 El. Mehl
2 Eier
1 Tasse Milch
Zucker
Zimt
Butter

Die Brötchen in kaltem Wasser einweichen, ausdrücken und zerpflücken. Das Mehl, die Milch, die Eier und Gewürze zugeben und alles gut verrühren. Die entstielten Kirschen untermengen. Im heißen Fett kleine Pfannkuchen herausbacken. Mit Zucker und Zimt bestreut anrichten.

Mandelauflauf

1 Tasse Mehl
$1^1/_2$ Tassen Milch
4–5 El. Butter
5 El. Zucker
1 Prise Salz
3–4 Eier
1 Tasse Mandeln oder Nußkerne

Das Mehl mit etwas Milch anrühren. Die restliche Milch mit der Butter und Salz zum Kochen bringen. Den Mehlbrei ein- und zu einem Kloß anrühren. Nach dem Erkalten die Eigelb, den Zucker und die gerösteten, feingemahlenen Mandeln zugeben und alles gut vermengen. Den steifen Eischnee lose unterziehen. In eine zugerichtete Auflaufform füllen und etwa 1 Stunde backen. Warm zu Tisch geben.
Dazu: Vanille- oder Schokoladensauce

Mohnkuchen mit Apfelkompott

240 g Butter
170 g Staubzucker
6 Eier
70 g glattes Mehl
50 g Biskuitbrösel
250 g geriebener Mohn
1 Messerspitze Backpulver
1 Prise Salz
etwa Vanillezucker
geriebene Zitronenschale
Butter und Mehl für die Form

Kompott:
1 kg säuerliche Äpfel
200 g Kristallzucker
2 Zimtstangen
einige Gewürznelken
Saft und Schale von 1 Zitrone
Staubzucker zum Bestreuen

Die Butter auf Handwärme bringen und mit der Hälfte des gesiebten Staubzuckers, dem Vanillezucker, der Zitronenschale und einer Prise Salz sehr schaumigrühren; nach und nach die Dotter beifügen und wieder schaumigrühren. Die Eiklar mit dem restlichen, gesiebten Zucker zu sehr steifem Schnee schlagen und unter den Butterabtrieb heben; zuletzt das mit Backpulver versiebte Mehl, die Brösel und den Mohn darunterziehen; die Masse in eine gebutterte und bemehlte Ulmerform füllen, im vorgeheizten Backrohr bei 180° C etwa eine Stunde lang backen (Nadelprobe machen!) und den Kuchen in der Form vollständig erkalten lassen.
Die Äpfel schälen, achteln und vom Kerngehäuse befreien; in 3/4 l kaltem Wasser zusammen mit dem Zucker, den Zimtstangen und Gewürznelken, sowie Zitronensaft und -schale auf kleiner Flamme nicht zu weich dämpfen und danach im Sud erkalten lassen. Die Mohnkuchen stürzen, mit Staubzucker übersieben, portionieren und mit dem Apfelkompott servieren.

Mohnstrudel

120 g Butter
250 g Mehl
1 Eigelb
$1^1/_2$ El. Zucker
15 g Hefe
50 ml Milch
Salz
Für die Füllung:
2 Tassen Mohn
1 Tasse Milch
Schale von $^3/_4$ Zitrone
$^1/_2$ Tl. Zimt
2 El. Rosinen
100 g Zucker
4 El. Butter
Zum Bestreichen:
Butter
1 Ei

Butter mit Mehl abrösten. Mit in lauwarmer Milch angerührter Hefe, Eigelb, Salz und Zucker zu einem Teig verkneten und 1 Stunde zugedeckt liegen lassen. Messerrükkendick ausrollen und mit Fülle belegen. Aufwickeln, auf ein gefettetes Blech legen und zum Aufgehen warm stellen. Mit zerschlagenem Ei bestreichen und im heißen Rohr zu

Tip

Mohn erst kurz vor Verwendung reiben und kühl stellen, er wird recht schnell ranzig.

schöner Farbe backen. Füllung: Mohn zerstampfen und in Milch weich kochen. Mit geriebener Zitronenschale, Zimt, Rosinen, Zucker und Butter verrühren.

Berliner Pfannkuchen

300 g Mehl
Salz
1/2 Tasse Sahne oder Milch
2 1/2 El. Butter
1 Pkt. Vanillezucker
4 Eigelb
1/2 Gläschen Rum
1 El. Orangensaft
30 g Hefe
1/4 Tasse Milch
Backfett
Zum Füllen:
Marmelade
Zum Bestreichen:
Streuzucker mit Vanille

Erwärmtes, gesiebtes Mehl mit Salz, Sahne, geschmolzener Butter, Vanillezucker, Eigelb, Rum und Orangensaft vermengen. Hefe mit lauwarmer Milch verrühren und beifügen. Alles zu einem Teig verkneten und so lange schlagen, bis er Blasen wirft und sich vom Löffel löst. Den Teig mit einem Tuch bedeckt 1 Stunde in der Wärme aufgehen lassen; dann den aufgegangenen Teig auf ein bemehltes Brett stürzen und 1/2 cm dick ausrollen. Etwa 20 runde Teigscheiben auf der Hälfte der Teigplatte markieren. In die Mitte der Teigscheiben je 1 Tl. Marmelade häufen, das unmarkierte Teigstück darüberklappen und etwas festdrücken. Die Scheiben ausstechen und mit der oberen Seite nach unten auf ein angewärmtes, bemehltes Tuch legen. Mit einem Tuch bedeckt nochmals gehen lassen. Fett erhitzen und Krapfen mit der nach oben gekehrten Seite zuerst einlegen. Zugedeckt im Fett schwimmend goldbraun backen.

Ist die untere Seite gebacken, die Krapfen wenden und ohne Deckel fertig backen. Schön gelungene Krapfen müssen in der Mitte einen weißen Rand haben! Abtropfen lassen und mit vanilliertem Zucker bestreuen.

Quarkauflauf

500 g Quark
4 El. Butter
2–4 Eier
1 Tasse Zucker
1 Tasse Milch oder Sahne
4 El. Stärkemehl
Schale von 1/4 Zitrone
1 Pkt. Vanillezucker
3 El. Sultaninen
2 El. gehackte Mandeln

Die Butter schaumig rühren, die Eigelb und den Zucker mitrühren. Den durchpassierten, mit Sahne vermengten Quark löffelweise unterrühren und schaumig schlagen. Das Mehl, die Zitronenschale, den Vanillezucker und die Sultaninen untermengen. Den steifen Eischnee unterziehen. In eine vorgerichtete Auflaufform füllen, mit den gehackten Mandeln bestreuen und etwa 50 Minuten im Rohr backen.

Quarkklöße

500 g Quark
1/2 Tasse Milch
6 El. Zucker
1 Prise Salz
2 Eier
1 geriebene Kartoffel
1 1/2 Tassen Brösel
6 El. Mehl
1 1/2 Tassen geschälte, gehackte Mandeln
Zimt
Zucker

Alle Zutaten zu einem geschmeidigen Teig verarbeiten. Mit bemehlten Händen Klöße formen und in kochendem Salzwasser langsam 15 Minuten ziehen lassen. Mit zerlassener Butter begießen und mit Zucker und Zimt bestreuen.
Dazu: Kompott oder Backobst

Räderkuchen

250 g Zucker
3 Eigelb
3 Eier
125 g Butter
1 Tasse Sahne
1 Gläschen Kognak
500 g Mehl
Fett
Zucker

Zucker mit dem Eigelb und den Eiern schaumig rühren. Geschmolzene Butter, Sahne und Kognak zugeben und mit dem gesiebten Mehl zu einem Teig verkneten. Dünn auswellen und Rechtecke ausrädeln. In der Mitte jedes Teigstückchens einen Schlitz anbringen und einen Zipfel des Rechteckes durchziehen. Im Backfett knusprig herausbacken und mit Zucker bestreut anrichten.

Reisauflauf

250 g Reis
1 Tasse Sahne
1 Prise Salz
3 El. Butter
2–4 El. Zucker
Schale von 1/4 Zitrone
3 Eier
2 El. Rosinen

Den Reis waschen, in reichlich kochendem Salzwasser zusetzen und nicht zu weich kochen. Abgießen. Die Butter schaumig rühren, den Zucker, Salz, die geriebene Zitronenschale und das Eigelb mitrühren. Den abgekühlten Reis, Milch oder Sahne und die Rosinen zugeben, alles gut vermengen und zuletzt den steifen Schnee unterziehen. In eine vorgerichtete Auflaufform füllen und mit Butterflocken belegt 30 Minuten im heißen Rohr backen.
Dazu: Kompott oder Fruchtsaft

Rohrnudeln

500 g Mehl
30 g Hefe
1/2 Tasse Milch
2 El. Vanillezucker
1 Gläschen Rum oder Kognak
7 Eier
60 g Butter
1 El. Butter
Puderzucker

Aus Mehl, der aufgelösten Hefe, Milch und Vanillezucker, Rum, den Eiern und der geschmolzenen Butter einen leichten Hefeteig machen und schlagen, bis er Blasen wirft. Warm gestellt und mit einem Tuch bedeckt gehen lassen. Mit einem Eßlöffel Portionen abstechen, kugelig formen und mit zerlassener Butter bepinseln. Dicht nebeneinander in eine Backform mit Rand setzen und nochmals gehen lassen. Ins heiße Rohr stellen und in 30 Minuten bei Mittelhitze zu schöner Farbe backen. Aus der Form nehmen und mit Puderzucker bestäuben.
Dazu: heiße Fruchtsauce oder Kompott

Sahneauflauf mit Früchten

½ l saure Sahne
4 Eier
2 El. Stärkemehl
2 El. Zucker
2 Tl. Vanillezucker
500 g rohes Obst
Butter für die Form

Saure Sahne, Eigelb, Stärkemehl, Zucker und Vanillezukker schaumig rühren. Steifen Eischnee unterziehen. Eine Auflaufform mit Butter ausstreichen, geschnittenes rohes Obst einfüllen, die Masse übergießen und im heißen Rohr zu schöner Farbe backen.

Sauerkirschenauflauf

1½ Tassen Milch
3 El. Zucker
1 Prise Salz
2 El. Butter
3 gehäufte El. Mehl
4 Eier
½ Tasse entsteinte, halbierte Kirschen
1 Gläschen Kirschwasser
Butter für die Form
Zucker
Puderzucker zum Bestreuen

Milch, Zucker, Salz und Butter erwärmen. Das Mehl auf einmal zugeben und zu einem Kloß abrühren. Vom Feuer nehmen, die Eigelb einzeln unterrühren und den steifen Eischnee unterheben. Kirschen mit Alkohol vermengt dazugeben. In gefettete und mit Zucker ausgestreute Portionsförmchen füllen und bei mittlerer Hitze 15 Minuten bakken. Mit Puderzucker bestreuen.

Sauerrahmplinsen

60 g Stärkemehl
4 Eier
1 Tasse saure Sahne
1 Msp. Zimt
Salz
Fett für Form
Zucker und Zimt zum Bestreuen

Stärkemehl mit Eigelb, saurer Sahne und Gewürzen vermengen und mit dem Schneebesen schaumig schlagen. Steifen Eischnee unterziehen. In heißem Fett 4 Plinsen (Pfannkuchen) herausbacken, aufrollen und mit Zucker und Zimt bestreut anrichten.

Schneeballen

180 g Mehl
6 Eigelb
2 El. Sahne
1 Tl. Rum
Salz
Backfett
Zucker zum Bestreuen

Mehl, Eigelb, Sahne, Rum und Salz auf einem Backbrett zu einem Teig verarbeiten und so lange kneten, bis sich Blasen zeigen. 30 Minuten an einem kühlen Ort ruhen lassen. Dünn ausrollen und in viereckige Stückchen von 6 cm Kantenlänge ausrädeln. Im Abstand von 1 cm parallele Einschnitte machen, doch so, daß der Rand ringsherum stehen bleibt. Zwischen die Teigstreifen einen Kochlöffel schieben, um ihnen eine runde Form zu geben, so daß jeweils ein Streifen nach unten, der nächste nach oben gebogen wird. In heißes Backfett schwimmend einlegen, den Kochlöffel dabei herausziehen. Die Schneeballen goldgelb herausbacken, auf Löschpapier abtropfen lassen und mit Zucker bestreut warm auftragen.

Seidenkissen

280 g Mehl
120 g Butter
1/4 Tasse Sauerrahm
3 Eigelb
1 Tl. Zucker
Salz
1 El. Rum
Backfett
Puderzucker zum Bestreuen

Die ersten 7 Zutaten rasch zu einem Teig verkneten. Wie beim Blätterteig das Übereinanderschlagen, Ausrollen und Zusammenlegen dreimal wiederholen. Zu einer 2 cm dikken Platte ausrollen und mit dem Teigrädchen Dreiecke ausrädeln. In heißes Backfett eingelegt, schwimmend goldgelb herausbacken. Mit Puderzucker bestreut servieren.
Dazu: süße Sahne

Semmelauflauf

5–6 Brötchen
1 Tasse Milch
2–5 El. Butter
1 Tasse Zucker
2–3 Eier
Saft und Schale von 1/2 Zitrone
1 Tasse Mandeln oder Mohn
1/2 Tasse Sultaninen

Die Brötchen zerschneiden und mit der heißen Milch durchfeuchten. Die Butter schaumig rühren, den Zucker,

die Eigelb und Zitrone mitrühren und die gehackten Mandeln, die Sultaninen und die Brötchenmasse zugeben. Steifen Eischnee lose unterziehen. In eine feuerfeste Glas- oder Auflaufform füllen und 30 Minuten zu schöner Farbe bakken.
Dazu: Weinsauce oder Fruchtsauce

Tip

Sultaninen vor der Verwendung immer kurz waschen, oft haften Schmutzpartikel daran.

Schokoladenauflauf

125 g Schokolade-Kuvertüre
2 El. Zucker
1 Päckchen Vanillezucker
6 Eier
1 Prise Salz
Butter

Die Schokolade im Wasserbad schmelzen lassen, sie dann mit Zucker, Vanillezucker, Salz und dem Eigelb verrühren. Steifen Eischnee unterziehen und in eine gebutterte Auf-

laufform füllen. Etwa 25 Minuten im Rohr backen und gleich zu Tisch geben.
Dazu: Vanillesauce

Stachelbeerauflauf

500 g grüne Stachelbeeren
1/4 l Wasser
1/8 l Weißwein
200 g Zucker
3 Brötchen
Butter zum Fetten
5 Eigelb
1/2 Tasse Sahne
50 g Zucker
Schale von 1/2 Zitrone
5 Eiweiß
Butterflocken
2 El. Mandelblättchen

Von den Stachelbeeren Blüte und Stiel entfernen und mit einem Hölzchen durchstechen. Wasser, Wein und Zucker durchkochen, Stachelbeeren zugeben und über kleiner Flamme garen. Darauf achten, daß sie nicht platzen! Vom Feuer nehmen und noch 30 Minuten im Saft ziehen lassen; dann in einem Sieb abtropfen lassen. Eine Auflaufform ausfetten, mit Brötchenscheiben auslegen und mit Stachelbeersaft anfeuchten. Eigelb, Rahm, Zucker und Zitronenschale cremig rühren, steifen Eischnee unterziehen und über die Brötchen füllen; dann Stachelbeeren darübergeben. Mit Mandelblättchen und Butterflocken bestreuen und im vorgeheiztem Ofen bei guter Mittelhitze etwa 30 Minuten goldgelb backen.

Süße Bänder

1 Ei
2 Eigelb
3–4 El. Zucker
2 El. Sahne
Mehl
1 Pkt. Vanillezucker
Schale von 1/2 Zitrone
Backfett
Puderzucker

Die Eigelb und das Ei mit dem Zucker kurz rühren. Den Rahm, die Gewürze und soviel Mehl zugeben, um einen Teig kneten zu können. Den Teig auswellen und Streifen von 2 1/2 cm Breite und 20 cm Länge ausrädeln. Zu lockeren Schleifen binden und diese schwimmend im heißen Fett herausbacken. Entfetten und mit Puderzucker bestäuben.

Topfennudeln

130 g Butter
3 Eigelb
2 Eier
50 g Zucker
140 g Quark
280 g Mehl
Salz
15 g Hefe
1 1/2 Tassen Milch
50 g Mandeln

70 g Butter schaumig rühren, nach und nach Zucker, Eigelb und Eier zurühren. Den durchpassierten Quark, Salz, Mehl und in wenig lauwarmer Milch aufgelöste Hefe zugeben und schlagen, bis sich der Teig von Löffel und Schüssel löst. Eine Stunde warm gelagert gehen lassen. Auf ein bemehltes Brett stülpen und kleine Nudeln formen. Die Nudeln in zerlassene Butter tauchen. In eine Auflaufschüssel,

in der zuvor die restliche Milch erwärmt wurde, nebeneinander legen. Mit gehackten Mandeln bestreuen und nochmals gehen lassen. Im heißen Rohr backen.
Dazu: Vanillecremesauce

Zitronenauflauf

100 g Zucker
5 Eier
Saft und Schale von 1 Zitrone
35 g Mehl
1 Prise Salz

Zucker mit Eigelb, Salz, Zitronensaft und abgeriebener Schale recht dick und schaumig rühren. Steifen Eischnee und gesiebtes Mehl abwechselnd unterrühren. Masse in eine gebutterte Auflaufform füllen und in nicht zu heißem Rohr 30 Minuten backen. Mit Zucker bestreut in der Form auftragen.

Zitronenstrudel

Teig:
200 g glattes Mehl
1 El. Öl
einige Spritzer Essig
1 Prise Salz
Öl zum Bestreichen

Fülle:
4 Eier
110 g Staubzucker
60 g Butter
40 g glattes Mehl
1/2 Pkt. Vanillezucker
Saft und geriebene Schalen von 2 Zitronen
Butter für das Blech

Das gesiebte Mehl mit dem Öl, einer Prise Salz, sowie mit Essig gesäuertem, lauwarmen Wasser nach Bedarf, zu einem weichen, glatten Teig verarbeiten; zu einer Kugel formen, auf einen mit Öl bestrichenen Teller legen und auch an der Oberfläche mit Öl bepinseln; den Teig so vorbereitet, eine halbe Stunde rasten lassen. Ein Bachblech mit Butter bestreichen.
Die Butter auf Handwärme bringen und mit der Hälfte des gesiebten Zuckers, dem Vanillezucker und den Dottern sehr schaumig rühren. Die Eiklar mit dem restlichen Zucker zu steifem Schnee schlagen und unter den Butterabtrieb heben; zuletzt das gesiebte Mehl, den Zitronensaft und die geriebene Zitronenschale einrühren. Den Teig auf einer bemehlten Arbeitsfläche so dünn wie möglich ausrollen und danach auf einem bemehlten Tuch mit beiden Handrücken hauchdünn ausziehen. Die Fülle (ca. 5 El. davon zum Bestreichen des Strudels zurückbehalten) der Länge nach auf ein Drittel des Teiges streichen und diesen mit Hilfe des Tuches von der bestrichenen Seite her einrollen; die dikkeren Teigenden wegzupfen und den Strudel auf das Backblech legen; mit der restlichen Fülle an der Oberfläche bestreichen und im vorgeheizten Backrohr bei 200° C etwa 40 Minuten lang backen. Den Strudel auf dem Blech erkalten lassen und erst danach portionieren.

Bäckerei

Aachener Printen

500 g Sirup
3 El. Wasser
5 g Pottasche
100 g Zucker
150 g Kandiszucker
600 g Mehl
50 g Orangeat
3 gehäufte Tl. Anis
2 gehäufte Tl. Zimt
2 Tl. Koriander
je 1 Prise Piment, Nelkenpfeffer, Kardamom, Muskatnuß und Natron

Orangeat in kleine Würfel schneiden. Kandiszucker im Plastikbeutel oder zwischen Folie klein schlagen. Die Pottasche im Wasser auflösen und mit dem Sirup erhitzen. Den klein geschlagenen Kandiszucker und alle anderen Zutaten dazugeben und vermischen. Den Teig gut durchkneten und ber Nacht stehen lassen. 3 mm dick ausrollen und in 3 cm große Rechtecke schneiden. Auf einem mit Wasser bestrichenem Backblech ca. 15 Minuten bei 220° C backen. Nach dem Erkalten mit dünnem Zuckerguß oder Schokolade überziehen.

Berner Leckerli

2 El. Honig
2 El. Kirschwasser od. Rum
2 Eiweiß
175 g gemahlene Mandeln
175 g gemahlene Haselnüsse
250 g Zucker
je 65 g gehacktes Zitronat und Orangeat
1 Prise Zimt

Zuckerglasur:
4 gehäufte El. Staubzucker
so viel Zitronensaft, bis eine dickflüssige Masse entsteht.

Mandeln und Haselnüsse mahlen, Zitronat und Orangeat in kleine Würfel schneiden. Alle trockenen Zutaten mischen, Kirschwasser und Honig zufügen. Eiweiß steif schlagen und ebenfalls untermischen. Den Teig gründlich durchkneten. Auf einer mit Zucker bestreuten Arbeitsfläche 1 cm dick ausrollen. Mit Zucker bestreute Leckerlimodels darauf drücken, herunternehmen und mit einem scharfen Messer in viereckige Leckerlis ausschneiden (geht auch ohne Models). Auf einem gefetteten Blech ber Nacht bei Zimmertemperatur stehen lassen und im vorgeheizten Ofen bei mäßiger Hitze backen. Wenn sie auf der Oberseite leicht bräunen, herausnehmen und mit Zuckerglasur bestreichen. Danach vom Blech nehmen.

Buttergebäck

250 g Butter
250 g Zucker
8 Eigelb
1 Zitrone
500 g Mehl
3–4 Eigelb zum Bestreichen

Eigelb vom Eiweiß trennen. (Eiweiß kühl stellen, kann für andere Gebäcksorten verwendet werden.) Butter schaumig rühren, Zucker dazugeben und nochmals gut verrühren. Nach und nach das Eigelb unterrühren, Mehl darüber sieben und geriebene Zitronenschale dazugeben. Nochmals gut verrühren und in Frischhaltefolie mind. 1 Std. im Kühlschrank kühl stellen. Der Teig ist dann so fest, daß er vorsichtig auf gut gemehlter Arbeitsfläche ausgerollt und mit Frömchen ausgestochen werden kann. Reste jedes Mal wieder in den Kühlschrank legen, da der Teig schnell weich wird. Die ausgestochenen Plätzchen auf ein mit Backpapier ausgelegtes Blech legen und mit verquirltem Eigelb bestreichen. Bei mittlerer Hitze hellgelb backen. Die Plätzchen können vor dem Backen noch mit Mandeln, kandierten Kirschen und Schokoladenstreuseln bestreut werden.

Eigelbmakronen

500 g Marzipan-Rohmasse
5 Eigelb
250 g Zucker
abgeriebene Schale 1 Zitrone
1 Prise Zimt
runde Oblaten 4 cm Durchmesser

Alle Zutaten verkneten, in einen Spritzbeutel mit Sterntülle füllen. Backblech mit Oblaten belegen und kleine Häufchen darauf spritzen. Mit Mandeln, Nüssen und Zitronat belegen und im vorgeheizten Ofen bei 200° hellbraun backen. Vom Blech nehmen und auskühlen lassen.

Haselnußmakronen

3 Eiweiß
1 Prise Salz
300 g Staubzucker
300 g geriebene Haselnüsse
1 Messerspitze Zimt
ca. 30 ganze Haselnüsse zum Garnieren

Haselnüsse mit der Mandelmühle reiben. Das Eiweiß mit einer Prise Salz schnittfest schlagen (ein Schnitt mit dem Messer muß zu sehen sein). Staubzucker darübersieben und unterheben. Haselnüsse und Zimt vorsichtig untermischen. Mit zwei Tl. Häufchen auf ein mit Backpapier ausgelegtes

Blech setzen, in die Mitte eine Haselnuß drücken und ca. 40 Minuten bei 140° C backen. Dabei die Tür einen Spalt offen lassen, damit die Makronen mehr trocknen als backen. Vom Blech lösen und auskühlen lassen.

Honigschnitten

250 g Honig
50 g Zitronat
125 g Mandeln
125 g Zucker
abgeriebene Schale 1 Zitrone
1 Tl. Zimt
je 1/2 TL Nelkenpfeffer
und Kardamom

1 Tl. Rum
1/2 El. Pottasche oder
1Tl. Backpulver
375 g Mehl

Guß:
120–150 g Staubzucker
1 Tl. Zitronensaft

Das Zitronat in feine Würfel schneiden und die Mandeln mit der Schale in der Mandelmühle reiben. Zitronenschale reiben. Die Pottasche in dem Rum auflösen, wenn Backpulver verwendet wird, dieses mit dem Mehl zusammen sieben. Den Honig erhitzen und alle Zutaten untermischen. Alles gut verkneten und den Teig auf einer bemehlten Arbeitsplatte ausrollen. Rechteckige Schnitten ausschneiden und auf ein mit Backpapier ausgelegtes Blech legen. Bei mäßiger Hitze ca. 10 Minuten backen. Die noch warmen Schnitten mit dem Zitronenguß bestreichen.

Ingwerherzen

120 g Butter
120 g Zucker
1 Ei
200 g Mehl
50 g Speisestärke
1 TL Backpulver
Mark 1/2 Vanilleschote
1 Messerspitze Salz
1 TL Ingwerpulver
200 g Kuvertüre und
20 g Hagelzucker

Butter, Zucker und Ei zusammen glattrühren. Mehl, Speisestärke und Backpulver dazusieben, Gewürze dazugeben und zu einem glatten Teig kneten. Auf einer bemehlten Arbeitsplatte 5 mm dick ausrollen und Herzen ausstechen. Auf ein mit Backpapier ausgelegtes Blech legen und im vorgeheizten Ofen ca. 10 Minuten bei 180° C backen. Auskühlen lassen. Mit aufgelöster, glatt gerührter Kuvertüre bestreichen und mit Hagelzucker bestreuen.

Kokosringe

250 g Kokosraspeln
100 g Zucker
abgeriebene Schale 1 Orange
4 Eiweiß
runde Oblaten
3–4 EL Orangenmarmelade

Alle Zutaten schnell zu einem Teig verrühren und in einen Spritzbeutel mit Sterntülle geben. Oblaten auf ein mit Backpapier ausgelegtes Blech legen. Die Oangenmarmelade etwas verrühren. Mit dem Spritzbeutel runde Kreise auf die Oblaten spritzen und in die Mitte etwas Marmelade geben. Im vorgeheizten Ofen ca. 25 Minuten bei 160° C backen.

Lebkuchen

200 g Honig
200 g Zucker
2 Eier
500 g Mehl
2 gestrichene Tl. Backpulver
abgeriebene Schale 1 Zitrone
je 70 g Zitronat und Orangeat
70 g Mandeln
1/2 TL gemahlener Zimt
je 1 Prise Salz, Muskatnuß, Kardamom, Nelkenpfeffer

Zitronat und Orangeat in kleine Würfel schneiden, Mandeln blanchieren, schälen und hacken. Zitronenschale reiben. Honig und Zucker erhitzen und abkühlen lassen. Eier, abgeriebene Zitronenschale, Zitronat, Orangeat, gehackte Mandeln und Gewürze dazugeben und verrühren. Mehl und Backpulver darber sieben und unterrühren. Den Teig krftig durchkneten. Auf einer bemehlten Arbeitsplatte 1/2 cm dick ausrollen und 8 x 5 cm große Rechtecke ausschneiden. Das Backblech mit Wasser bestreichen und die Lebkuchen darauf legen. Im vorgeheizten Backofen ca. 15 Minuten bei 220° C backen. Vom Blech nehmen und abkühlen lassen. Mit Zitronen-, Zucker- oder Schokoladenglasur überziehen.

Mandelkipferl

300 g Rohmarzipan
180 g Staubzucker
3 Eiweiß
einige Tropfen Zitronensaft
50 g gehobelte Mandeln
Staubzucker mit Vanille zum Bestreuen

Alle Zutaten zu einem glatten Teig verarbeiten und mit dem

Spritzbeutel Kipferl auf Backfolie spritzen. Mit geschälten, gehobelten Mandeln bestreuen und 10–12 Minuten bei 160° C hellgelb backen. Hei ßvom Blech lösen und in Staubzucker mit Vanille wenden.

Mandelspekulatius

250 g Mehl
1/2 Tl. Backpulver
100 g kalte Butter
125 g brauner Zucker
1 Ei
50 g gehackte Mandeln
je 1 Tl. Zimt und Nelkenpfeffer
1/2 Tl. Kardamom
50 g gehobelte Mandeln

Von alle Zutaten, außer den gehobelten Mandeln, zügig einen Teig kneten. An einem kühlen Ort ber Nacht stehen lassen. Den Teig auf einer bemehlten Arbeitsplatte noch-

Tip

Spekulatius wird normalerweise mit Holzmodels geformt. Man kann den Teig aber auch 3 mm dünn ausrollen und mit beliebigen Formen ausstechen.

mals durchkneten. Spekulatiusmodel mit Mehl bestäuben und den Teig stückweise hineindrücken. Mit einem bemehlten Messer den überstehenden Teig abschneiden. Teigreste kühl stellen und weiterverarbeiten. Backblech mit Backpapier auslegen und mit den gehobelten Mandeln bestreuen. Spekulatius vorsichtig aus dem Model heben und auf die Mandeln legen. Im vorgeheizten Backofen ca. 10 Minuten bei 200° C backen.

Nürnberger Elisenlebkuchen

3 Eier
250 g brauner Zucker
1/2 Stange Vanille
2 El. Speisestärke
1/2 Pkt. Lebkuchengewürz
2 cl Rum
75 g Orangeat
250 g Mandeln
geriebene Schale 1 Zitrone
runde Oblaten
7 cm Durchmesser

Helle Glasur:
75 g Puderzucker
1 EL heißes Wasser

Schokoladenglasur:
100 g zartbittere Kuvertüre
30 g Hagelzucker
zum Bestreuen und
17 ganze, geschälte Mandeln

Orangeat in feine Würfel schneiden. Ungeschälte Mandeln in der Mandelmü hle mahlen. Zitronenschale reiben. Die Eier schaumig rühren, Zucker mit Vanillemark dazugeben und cremig rühren. Alle anderen Zutaten zugeben und gut verrühren. Ein Teighäufchen auf jede Oblate geben und über Nacht kühl stellen. Dann im vorgeheizten Backofen ca. 20 Minuten bei 160° C backen. Vom Blech nehmen, auskühlen lassen und glasieren.

Eine Hälfte mit heller Glasur bestreichen und mit Hagelzucker bestreuen. Die andere Hälfte mit aufgelöster Schokoladenglasur bestreichen und eine Mandel in die Mitte legen.

Nußkringel

125 g Butter
2 Eier
80 g Zucker
Mark 1/2 Vanilleschote
60 g gemahlene Mandeln
60 g geriebene Haselnüsse
250 g Mehl
1 Tl. Backpulver
3 El. Speisestärke
1 Prise Salz
3 Tropfen Bittermandelöl
oder 3–4 geriebene Bittermandeln
je 1 Messerspitze Ingwerpulver
und geriebene Muskatnuss

Mandeln und Haselnüsse reiben. Butter und Zucker und Vanillemark schaumig rühren und Eier nach und nach unterrühren. Die geriebenen Mandeln und Haselnüsse mit Mehl, Backpulver, Speisestärke und den Gewürzen mischen und unter die Masse rühren. Den halbfesten Teig in einen Spritzbeutel mit Sterntülle füllen. Kringel von ca. 6 cm Durchmesser auf ein mit Backpapier ausgelegtes Backblech spritzen. Im vorgeheizten Ofen ca. 10 Minuten bei 180° C backen. Vom Blech nehmen und auskühlen lassen.

Pfeffernüsse

5 Eier
500 g Zucker
abgeriebene Schale 1 Zitrone
60 g Zitronat
60 g Orangeat
750 g Mehl
1 El. Rum
1 Messerspitze Hirschhornsalz
1 Prise Salz
je 1 Messerspitze Zimt,
Muskatnuß, Ingwer,
Piment und Kardamom
3 Messerspitzen weißer Pfeffer

Zitronat und Orangeat in feine Würfel schneiden. Hirschhornsalz im Rum auflösen. Eier schaumig rühren und den Zucker löffelweise dazugeben und unterrühren. Zitronenschale, Gewürze, Zitronat und Orangeat mit dem Mehl vermischen und mit dem aufgelösten Hirschhornsalz und der Eier-Zucker-Masse zu einem geschmeidigen Teig verarbeiten. Zugedeckt über Nacht an einem kühlen Ort ruhen lassen. Aus dem Teig kleine Kugeln von 2 cm Durchmesser formen. In ein wenig Mehl wälzen und auf ein mit Backpapier belegtes Blech legen. Im vorgeheizten Ofen ca. 20 Minuten bei 180° C backen. Vom Blech nehmen und auskühlen lassen. Pfeffernüsse werden weich, wenn man sie einige Tage in einer Blechdose aufbewahrt.

Schokoladenigel

75 g Butter
1 Vanillestange
50 g Zucker
1 Ei
125 g Mehl
75 g Stärkemehl
je 1 Prise Zimt, Kardamom
und gemahlene Nelken
Mandelstifte zum Bespicken
100 g dunkle Kuvertüre für Glasur

Die weiche Butter mit Zucker, Vanillemark, Gewürze, Ei, Stärkemehl und 1/3 des Mehls gut verrühren. Das restliche Mehl hinzufügen und alles gut durchkneten. Den Teig in Folie wickeln und 1–2 Stunden in den Kühlschrank stellen. Dann aus dem Teig Rollen von ca. 2 cm Durchmesser formen, diese in 1 1/2 cm dicke Scheiben schneiden und Kugeln daraus formen. Die Kugeln mit drei Mandelstiften bespikken und auf ein mit Backpapier ausgelegtes Blech legen. Im vorgeheizten Ofen ca. 15–20 Minuten bei 175–200° C backen. Die Igel vom Blech nehmen und erkalten lassen. Die Kuvertüre im Wasserbad auflösen und glattrühren und die Schokoladenigel damit überziehen.

Vanillekipferl

250 g Butter
100 g Staubzucker
300 g Mehl
150 g Mandeln
Mark 1/2 Vanilleschote
1 Prise Salz
Staubzucker mit Vanille zum Bestreuen

Mandeln blanchieren, schälen und mit der Mandelmühle fein reiben. Aus allen Zutaten einen glatten Teig kneten und im Kühlschrank durchkühlen lassen. Danach fingerdicke Stränge rollen, 5 cm lange Stücke schneiden und zu Kipferl formen. Auf gefettetem Blech oder Backfolie setzen und bei 150° C etwa 12 Minuten goldgelb backen. Noch warm in Staubzucker, dem Vanille beigefügt wurde, wenden.

Zimtringe

200 g Butter
150 g Staubzucker
3 Eigelb
300 g Mehl
1/2 Tl. gemahlener Zimt
Saft und Schale 1/2 Zitrone
150 g Zartbitterschokolade

Mehl mit dem Zimt mischen und Zitronenschale dazu reiben. Schokolade im Wasserbad auflösen. Butter, Staubzukker und Eigelb schaumig rühren. Den Zitronensaft und nach und nach das mit dem Zimt vermischte Mehl darunter rühren. Ringe auf ein mit Backpapier ausgelegtes Blech spritzen und 10–12 Minuten bei 190° C backen.
Die abgekühlten Ringe halb in 150 g aufgelöste, glatt gerührte Zartbitterschokolade tauchen und auf einem Rost abtrocknen lassen.

Tips und Tricks

Abfetten

Fleischsuppe kann man leicht entfetten, indem man sie vom Herd nimmt und einen Schöpfer kaltes Wassesr hineingibt. Das Fett sammelt sich oben und kann leicht abgeschöpft werden.

Angebranntes

- Angebrannte Speisen hebe man aus dem Topf, fülle sie in ein neues Gefäß und gare sie mit einer Zwiebel zusammen fertig.
- Angebrannter Braten läßt sich retten, wenn man das angebrannte Stück abschneidet und den Braten mit Natron in einer neuen Schüssel weiterbrät.
- Bei angebrannten Speisen ein Stück hartes Brot mehrere Minuten mitkochen lassen.

Apfelmus

Für Apfelmus nimmt man die hellfleischigen Sorten und nicht die mit rötlichem Fleisch.

Äpfel

- Um Äpfel aufzubewahren, legt man sie am besten im

Keller auf Holzregale mit Rand, mit den Stielen nach oben. Wichtig ist, daß sie einander nicht berühren. Will man die Äpfel einkochen, nimmt man unbedingt saure Sorten und legt die Stücke vorher in Zitronenwasser ein.

- Äpfel eignen sich hervorragend zur Frischlagerung, sofern man die nicht lagerfähigen Herbstsorten wegläßt. Jedoch muß man dabei die charakteristischen Lagerzeiten bedenken, die ohne Verlust von Geschmack nicht überschritten werden dürfen.
- Nicht lagerfähige Äpfel werden gewaschen, ausgeschnitten und rasch auf einem rostfreien, groben Gemüsehobel mit der Schale zerkleinert, fest in Dunstgläser eingedrückt, diese ohne Aufgußflüssigkeit verschlossen und eine Stunde in Dunst gekocht. Verwendet werden diese Äpfel dann für Strudel, Kuchen usw.

Apfelschalen

Apfelschalen kann man trocknen und daraus Tee machen.

Backen (in Fett)

Backen bedeutet Garwerden in heißem Fett. Es wird bei zartem Fleisch, Fisch, Gemüse, Mehlspeisen angewendet. Das Fett muß richtig heiß werden.

Backen (im Rohr)

Backen im Rohr heißt Garwerden unter Einwirkung von heißer Luft. Es findet Anwendung bei Gebäck, Kuchen, Torten, Aufläufen usw. Das Rohr muß gut vorgeheizt sein.

Backpflaumen

Getrocknete Backpfaumen in Rotwein oder Weinbrand einweichen – es hebt das Aroma.

Backprobe (Nadelprobe)

Um bei Mehlspeisen, Aufläufen oder Puddings zu erkennen, ob sie durchgebacken oder gar gekocht sind, sticht man mit einer langen Nadel (Stricknadel) oder einem Holzspieß in die Speise. Bleibt etwas Teig hängen, so ist die Speise nicht ausgebacken; ist die Nadel trocken, so ist die Speise fertig.

Bananen

- Überreife Bananen eignen sich hervorragend zum Ausbacken in Butter. Übergossen mit Honig sind sie eine Delikatesse.
- Oder man macht aus überreifen Bananen mit Milch und Zitrone ein Bananenmus.

Beizen

- Fleisch, Wild und Geflügel bekommen durch Beizen einen wesentlich intensiveren Geschmack. Bei der Herstellung der Beizen kann man aller Phantasie freien Lauf lassen, und der gute Geschmack wird Sie dafür belohnen. Hier einige Anregungen:
- Buttermilch, Sauermilch oder Rotwein wirken schon ganz allein beizend. Wenn man das Fleisch darin einlegt, wird es am nächsten Tag sicher zart sein.
- Da sich Milch zum Würzen schlecht eignet, sollten Sie für Beizen von dunklem Fleisch und Wild billigen roten Kochwein verwenden. Für helles Fleisch und Geflügel sollten Sie Weißwein verwenden. Durch Hinzugabe von Gewürzen wie Thymian, Rosmarin, Wacholder oder Muskat sowie, nach Bedarf, eines Schusses Whisky oder eines Calvados erhalten Sie eine ausgezeichnete Marinade.
- Alkohol oder Soja sind schärfer und machen das Fleisch deswegen auch zarter.
- Bei der Zubereitung wird die Beize bis auf einen kleinen Teil abgeschüttet, der zum Aufbau der Bratentunke dient. Rühren Sie zur Beize Sahne, Crème fraîche oder Joghurt ein. Dadurch werden die Gewürze der Beize zum natürlichen Mittelpunkt der Tunke, die übrigens nicht zu dünn werden sollte.

Birnen und Äpfel

- Geschnittenes Obst verfärbt sich schneller. Legen Sie

deswegen das Obst in Wasser mit Zitronensaft – dazu ein paar Eiswürfel, und schon haben Sie eine frische Obstschale.

- Falls Sie unreifes Kernobst zu Hause haben sollten, dann wickeln Sie es zusammen mit einem reifen Apfel ganz lose in ein Stück Zeitung. Die vom reifen Apfel ausgeschiedenen Gase beschleunigen den Reifeprozeß.

Biskuit

Altbackenen Biskuit- oder Mürbeteig nicht wegwerfen, sondern zerbröseln oder mahlen und zum Ausstreuen von Backformen verwenden. Mit Butter oder Margarine vermengt, ergibt sich eine sehr gute Auslegemasse für Torten.

Blumenkohl

Blumenkohl wird strahlend weiß, wenn Sie ihn mit einem Schuß Milch kochen.

Braten

- Braten bedeutet Garwerden in Fett und eigenem Saft unter

Einwirkung von allseitiger Hitze, Bildung von Röststoffen. Es findet Anwendung bei Fleisch, Geflügel, Fisch und Pilzen.

- Fleisch erst kurz beidseitig anbraten und dann im Backrohr oder auf dem Herd bei starker Hitze unter öfterem Begießen mit dem eigenen Saft gar werden lassen.

Bratäpfel

Bratäpfel bestreiche man mit Öl oder Butter, damit sie nicht verschrumpeln.

Bratensoße

Eine billige, wohlschmeckende „Oberssoße" erhält man, wenn man die Mehlschwitze mit Milch ablöscht.

Brot

- Brotreste kann man mit in Würfelsuppe kochen, durch ein Sieb streichen und mit gerösteten Zwiebeln als Suppe servieren.
- Brotreste im allgemeinen eignen sich für Brotsuppen, Suppeneinlage, Scheiterhaufen, Semmelklöße usw.
- Frisches Brot, Kuchen und Torten lassen sich mit einem erwärmten Messer besser schneiden.

- Länger frisch bleiben Brot und Brötchen, wenn man in den Brotkasten eine geschälte Kartoffel legt.
- Brot und Kuchen, frisch gebacken, lassen sich leicht schneiden, wenn man das Messer immer wieder ins kalte Wasser taucht.
- Wenn Sie zuviel Brot aufgeschnitten haben, wickeln Sie es einfach in ein Geschirrtuch ein. Dadurch wird das Brot nicht ausgetrocknet.
- Für eine längere Lagerung eignen sich eher roggenhaltige Sorten, die sich gut ein paar Tage zu Hause halten und daher ideal fürs Wochenende und für Feiertage sind. Sorten mit einem höheren Anteil an Weizen kauft man besser öfter und in kleinen Portionen frisch beim Bäcker ein.

Brötchen

- Brötchen vom Vortag werden wieder knusprig, wenn man sie anfeuchtet und im Backrohr oder auf der Herdplatte wieder aufbäckt.
- Beim Brötchenbacken im Ofen stelle man immer eine Tasse Wasser dazu, dann werden sie schön knusprig und schmecken wie frisch vom Bäcker.

Butter

- Butter ist ergiebiger und läßt sich leichter streichen, wenn sie zuvor schaumig geschlagen wurde. Dieser Arbeitsaufwand lohnt sich vor allem, wenn sehr viele Butterbrote zu streichen sind.

- Großmutter hat mit folgender Maßnahme die Ergiebigkeit der Butter verdoppelt: 250 Gramm Butter mit einer Tasse Kondensmilch langsam verrühren, in eine Form füllen (Zum Beispiel eine leere Margarinenschachtel) und tiefkühlen. Diese „Halbfettbutter“ ist auch gut als Schlankheitsdiät geeignet.
- Butter kann man am besten in gekochtem Salzwasser aufbewahren. Zu diesem Zweck kocht man Salzwasser, läßt es abkühlen und legt die Butter ganz hinein. Darin kann die Butter sehr lange bleiben und hält sich frisch.

Butterbrot

Butterbrote für Schule und Reise bleiben lange frisch, wenn man sie zuerst in zwei Salatblätter wickelt, bevor sie in Papier eingeschlagen werden.

Buttermilch

- Buttermilch läßt sich, ohne zu gerinnen, erhitzen, wenn man vorher etwas Mehl darin verquirlt.
- Buttermilch schmeckt noch frischer und leichter, wenn man sie mit einem kräftigen Schuß Mineralwasser vermischt.

Champignons

- Mit einem Eierschneider lassen sich frische Champignons gut in Scheiben schneiden.
- Champignons bleiben beim Braten hell, wenn man sie nach dem Waschen mit Zitronensaft beträufelt.

Creme fraiche

Crème fraîche kann man selber herstellen, indem man jeweils einen Becher süße Sahne und saure Sahne in einen Shaker gibt und das alles vier Minuten lang kräftig durchschüttelt. Danach eine Nacht lang ruhen lassen (nicht im Kühlschrank).

Dämpfen

Dämpfen bedeutet Garwerden im Dampf. Es wird bei Kartoffeln, Gemüse, Fisch angewendet. Dabei findet kein Auslaugen statt, Nährstoffe und Geschmacksstoffe bleiben besser erhalten.

Dickmilch

Wenn Sie 2–3 Esslöffel Buttermilch auf ca. 1 Liter Frischmilch geben, erhalten Sie schon nach kurzer Zeit Dickmilch.

Dosenmilch

Dosenmilch sollte nach dem Öffnen umgegossen werden, da sie unter Sauerstoffzufuhr leicht den metallischen Geschmack der Verpackung annimmt.

Dünsten

- Dünsten bedeutet Garwerden im eigenen Saft mit Verwendung von etwas Fett und Wasser. Es findet bei jungem Gemüse, Fleisch und Fisch Anwendung.
- Beim Dünsten gut schließende Gefäße verwenden – immer nur wenig aufgießen.

Eier

- Eier können beim Backen durch Beifügen von Backpulver ersetzt werden.
- Beim Biskuitteig können ein Ei durch zwei Eßlöffel Was-

ser, zwei Eier durch zwei Eßlöffel Wasser und ein wenig Stärkemehl ersetzt werden.

- Es empfiehlt sich, nie mehr als ein Drittel der benötigten Eier durch diese zwei Methoden zu ersetzen.
- Wenn Eigelb beim Einrühren gerinnt, dann ist das ein Zeichen dafür, daß Sie es vorher nicht vorbereitet haben. Geben Sie die Eier vor ihrer Verwendung in eine Schale mit warmen Wasser, und sie werden nie mehr wieder stocken.
- Eiweiß läßt sich nur steif schlagen, wenn Sie wirklich alle Reste des Dotters entfernt haben. Entfernen Sie selbst die kleinsten Spritzer. Wenn Sie mehr Eiweiß haben wollen, dann geben Sie vor dem Schlagen einen Schuß Wasser dazu.
- Den übrigen Eidotter heben Sie in einer Schüssel mit kaltem Wasser auf. Sie können ihn dann später zur Zubereitung von Suppen oder Drinks verwenden.
- Frische Eier schimmern, gegen das Licht betrachtet, durchsichtig hell oder sinken in einer zehnprozentigen Salzlösung nach unten. Je älter die Eier sind, um so höher steigen sie in dieser Lösung.
- Gekochte und rohe Eier, die durcheinandergeraten sind, lassen sich leicht wieder richtig sortieren: einfach die Eier um die eigene Achse drehen. Die gekochten Eier drehen sich schneller und gleichmäßiger.
- Eier platzen nicht beim Kochen, wenn das Wasser mit ein bis zwei Teelöffeln Salz versetzt wird. Außerdem die Eier am stumpfen Ende anpieksen.
- Eier zerspringen nicht beziehungsweise platzen nicht auf, wenn Sie dem Kochwasser etwas Essig zusetzen.
- Gefrorene Eier lege man in ein breites, hohes Gefäß mit kaltem Wasser, das stark mit Salz versetzt ist.

- Eier zerspringen beim Kochen nicht, wenn man sie in Butterbrotpapier einwickelt oder sie an beiden Seiten mit einer Nadel ansticht.
- Angeknackste Eier kann man trotzdem kochen, wenn man das Ei sehr fest mit Alufolie umwickelt, die man an den Enden zusammenzwirbelt. Fügen Sie dem Wasser einen Teelöffel Salz bei.
- Geplatzte Eier kann man dennoch kochen: Man bestreiche die schadhafte Stelle mit Zitronensaft und lege die Eier vorsichtig mit einem Löffel ins heiße Wasser.
- Beim Eierkochen beachte man folgendes: Eier vorsichtig mit einem Löffel ins kochende Wasser legen, damit sie nicht platzen. Um ein weiches Ei zu erhalten, kocht man es fünf Minuten lang, wenn es vorher Zimmertemperatur hatte; kam es aus dem Kühlschrank, braucht es eine Minute länger. Will man harte Eier haben, muß man sie zehn Minuten lang kochen. Nach dem Kochen werden die Eier unter kaltem Wasser abgeschreckt, damit sie sich leichter abpellen lassen.
- Eier, die an der Eierschachtel festgeklebt sind, kann man leicht herausnehmen, wenn man den Karton von außen einige Zeit anfeuchtet.
- Vorratseier bleiben länger haltbar, wenn man sie von Zeit zu Zeit umdreht.
- Eier halten sich eingelegt im Wasserglas monatelang frisch.
- Für den Hausgebrauch hält man Eier am besten frisch, indem man sie sorgfältig mit Kollodium bestreicht, das zu einem Häutchen trocknet und dadurch die Poren verschließt.
- Eine andere Möglichkeit ist auch, drei bis fünf Eier in einem Netz vier bis fünf Sekunden über kochendes Wasser

zu hängen. Dadurch wird das Häutchen unter der Schale luftdicht.

- In eine Schale Wasser rühre man eine Messerspitze mangansaures Kali, bis es tiefrot wird. Die gereinigten frischen Eier werden etwa eine Stunde lang in die Lösung gelegt und danach abgetrocknet und in reines Papier gehüllt. So bleiben die Eier über ein halbes Jahr frisch.
- An heißen Tagen empfiehlt es sich, die Eier in Salz zu legen.

Eigelb

- Ist das Eigelb blaß, gibt man etwas Salz dazu.
- Eigelb gerinnt nicht, wenn es mit kalter Flüssigkeit glattgerührt wird, bevor es zum Beispiel in die heiße Suppe kommt.
- Eigelb bleibt tagelang frisch, läßt man es in ein Schälchen mit kaltem Wasser gleiten.
- Bevor man Eigelb zur heißen Suppe gibt, verquirle man es in kalter Flüssigkeit, damit es nicht gerinnt. Man nennt das „legieren“.

Einbrenne (Mehlschwitze)

Eine Einbrenne läßt sich auch mit wenig Fett machen, wenn man das notwendige Mehl vorsichtig goldgelb röstet und mit Flüssigkeit (Suppe) aufgießt. In diesem Fall leistet Milch gute Dienste, da man sie ruhig etwas anschmoren lassen kann und dann wieder mit Flüssigkeit ablöscht.

Einkochen

- Beim Einkochen spart man Zucker, wenn man süßes und saures Obst zusammentut.
- Äpfel, Birnen und Pfirsiche bleiben beim Einkochen schön weiß, wenn man einen Schuß Zitrone oder eine halbe Messerspitze voll Vitamin C hinzugibt. Dabei spart man außerdem die halbe Menge Zucker.

Eiweiß

- Eiweiß läßt sich auf die doppelte Menge verlängern, wenn man einen Eßlöffel kaltes Wasser auf ein Eiweiß hinzufügt.
- Eiweiß steif machen, besonders von eingelegten Eiern, geht schnell, wenn man etwas Zitronensaft zusetzt.
- Eiweiß und Eigelb trennen kann man mit einem Trichter. Lassen Sie das aufgeschlagene Ei hindurchlaufen. Das dünne Eiweiß rinnt hindurch, das Eigelb bleibt vor der Öffnung hängen.

Eiweißreste

Eiweißreste eignen sich für Fruchtschaum, spanische Windbäckerei, Eiweißbäckerei, Eiweißglasur, zum Binden von Fleisch- und Klößemassen.

Erbsen

- Erbsen sollte man unbedingt in der Schote kochen, da sie dann besser schmecken und die Schote sich ohnehin von alleine löst.
- Eine Prise Zucker erhält auch ihre grüne Farbe.

Erbsen und Brot

Bei der Zubereitung von Erbsensuppe verhindert ein Stück Brot, daß die Erbsen beim Kochen absinken und anbrennen.

Erdbeeren

- Erdbeeren behalten ihre schöne Farbe, wenn man beim

Einkochen etwas Kirschensaft dazugibt oder in jedes Glas ein paar entsteinte schwarze Kirschen mit einlegt.

- Erdbeeren nur ganz kurz vor Entfernung der Stiele waschen, damit das Wasser nicht ins Fruchtfleisch eindringt und den Geschmack verwässert.
- Frische Erdbeeren werden noch aromatischer, wenn sie mit Zitronensaft beträufelt werden.

Essiggurkensuppe

Essiggurkensuppe nicht wegschütten, da man sie hervorragend zur Zubereitung von Kartoffelsalat verwenden kann. Oder feine Zwiebelringe mehrere Tage in der Gurkensuppe ziehen lassen; das sind billige und gut schmeckende Beilagen zu Hering, Bratkartoffeln usw.

Faschierte Laibchen mit Pfiff

- Ganz gewöhnliche faschierte Laibchen werden durch eine Fülle aus Schafskäse oder Kräuterkäse oder mit kleingeschnittenen Champignons, Zwiebelstückchen und Speck zu einer feinen Delikatesse.
- Achten Sie bei der Zubereitung darauf, daß die Fleischhülle geschlossen ist, da das Laibchen sonst zerfällt.

Fett

- Fett sparen macht das Kochen preiswerter und gesünder.
- Man kann Fett sparen, wenn man jede Soße oder Suppe vor dem Anrichten entfettet und das Fett zum Braten verwendet.
- Fett spart man sich auch, wenn man fettes Fleisch nur mit etwas Wasser ansetzt. Nach dem Kochen kann man es in seinem eigenen Fett braten.
- Wenn man Knochenmark ausläßt und Fleisch darin brät, kann man auch Fett sparen.
- Ebenfalls Fett sparen kann man, wenn man bei manchen Pfannengerichten die Pfanne nur mit einem Stück Fett ausreibt.

Fettest

- Sie testen Fett auf die richtige Temperatur, wenn Sie einen trockenen Löffel hineinhalten. Bilden sich kleine Blasen, dann ist die Temperatur genau richtig.
- Fügt man etwas Mehl dazu, spritzt es nicht.
- Derselbe Effekt läßt sich mit einem Schuß Öl erzielen.

Fleisch

- Ein vorgekühltes Stück Fleisch tauchen Sie in lauwarm verflüssigtes Butterschmalz und stellen das Fleisch danach wieder kühl. Das so erhärtete Butterschmalz bildet eine luftdichte Schicht um das Fleisch und verhindert so das frühzeitige Verderben.

- Wenn man Fleisch so aufbewahrt, daß es über Essig liegt, jedoch mit dem Essig nicht in Berührung kommt, dann hält es sich länger frisch.
- Rohes Fleisch wird zarter und hält länger frisch, wenn man es mit Essig einreibt.
- Achten Sie beim Einkaufen darauf, daß das Fleisch gut abgehangen ist, da es sonst nicht weich und zart wird.
- Falls Sie aber doch ein zähes Stück Fleisch bekommen haben sollten, dann schneiden Sie es in Scheiben und legen es einige Stunden in kalte Bouillon. Danach wärmen Sie es wieder auf. Sie werden sehen, daß es traumhaft zart geworden ist und außerdem einen pikanten Geschmack bekommen hat.
- Bewahren Sie Fleisch nur durchgebraten auf, da es sonst salmonellenanfällig ist.
- Zwischen rohe Fleischstücke kann man auch Farnkraut legen, damit sie länger frisch bleiben.
- Je billiger das Fleisch, desto mehr Fettgehalt hat das Stück. Beim Schwein kann das bis zu 50 % betragen. Ausgewählte Stücke aus der Schulter oder dem Nacken haben bis zu 30 % und gutes Fleisch hat bis zu 15 % Fettgehalt.

Fleischbouillon

- Gut gebratene Knochen verleihen der Suppe eine schöne Färbung.

- Für gelierende Suppen eignen sich am besten Kalbsknochen, da diese besonders viel Gelatine enthalten.
- Eierschalen und gelbe Möhren klaren die Suppe wieder auf.

Fleischreste

Frische Fleischreste kann man für Haschee, Fleischlaibchen, Fleischpudding usw. verwenden. Kleine Reste von Fleisch und Wurst verbessern eine Kartoffel- oder Gemüsesuppe.

Fleischwolf

Im Fleischwolf zum Schluß ein Stück Brot durchdrehen, dann bleiben keine Fleischreste hängen.

Fisch

- Fisch sollten Sie immer frisch kaufen und am selben Tag zubereiten. Die Frische erkennen Sie an der rosa Färbung der Kiemen. Falls die Kiemen grau sind, kaufen Sie den

Fisch auf gar keinen Fall, denn dann ist er alt und nicht mehr genießbar.

- Fisch sollte man auch nicht kochen, sondern dünsten. Sobald sich die Rückenflosse lösen läßt, ist der Fisch gar.
- Um den Fond zu verfeinern, geben Sie etwas Gemüsezwiebeln, Schalotten, Sellerie, Lauch, Petersilie und gelbe Möhren hinein.
- Eine andere Methode besteht darin, Gemüse in die Pfanne zu geben und darauf den Fisch zu garen. Mit Weißwein, Zitronensaft oder Sahne und Mehl können Sie anschließend das Gemüse zu einer pikanten Soße verfeinern.
- Garen Sie den Fisch in Alufolie, dann bleibt er saftig. Wenn Sie Salz ins Bratfett geben, wird er schön braun.
- Ein Schuß Weißwein oder Sherry vertreibt bei Tiefkühlfisch den Beigeschmack, der durch die Verpackung entstanden ist.

Fischreste

Vorsicht bei Fischresten, da sie leicht verderblich sind. Aber man kann sie, wenn sie frisch sind, für Fischlaibchen oder Fischsalat verwenden.

Fondue

- Beim Fleischfondue kann das heiße Fett schnell überlaufen. Mit einer rohen Kartoffel im Öl kann das nicht passieren.

- Wickelt man Fleisch für Fondue über Nacht in ein mit Kognak getränktes Tuch, wird es besonders zart und schmackhaft.

Geflügel

- Wenn das Geflügel beim Kochen saftig bleiben soll, muß man es in bereits kochendes Wasser legen, damit sich die Poren schließen.
- Für eine Suppe stellen Sie das Fleisch mit kaltem Wasser auf die Herdplatte.
- Wenn das Geflügel zu heiß gebraten wird, ist es zwar außen knusprig, aber innen trocken. Deswegen nicht über 180⑩ C braten und regelmäßig mit Fett bestreichen.
- Das Fett von Gänsen und Enten sollte man, wenn es geht, vor dem Braten entfernen, da es für den Braten entbehrlich ist, sich aber hervorragend für Schmalz eignet.

Gemüse

- Wenn man junges Gemüse in einer irdenen Schüssel mit einem feuchtem Tuch abdeckt, dann hält es sich länger frisch.
- Für längere Zeit bewahrt man Gemüse wie folgt auf: Wurzelgemüse in Sand oder Erde, Kraut oder Kohlarten mit der Wurzel im Garten in Gruben einschlagen oder im Keller auf Lattengestellen locker auflegen oder an Schnüren aufhängen, Zwiebel und Knoblauch, zu Zöpfen ge-

flochten oder in Beuteln, an trockenem Ort aufhängen. Alle Gemüsesorten müssen auf jeden Fall frostfrei aufbewahrt werden.

- Gemüse aus dem eigenen Garten soll möglichst unmittelbar vor der Verwendung, aber nicht in praller Sonnenhitze geerntet werden (Vitaminverlust).

Gemüsereste

Gemüsereste (nicht älter als einen Tag) eignen sich hervorragend für Gemüsesuppen, Spinatrollen, Gemüsenudeln usw.

Gemüse waschen

Waschen Sie frisches Gemüse mit Salzwasser. Dadurch entfernen Sie auch Ungeziefer, das Sie auf den ersten Blick nicht gesehen

Glasur

Eine Glasur haftet besser auf der Torte, wenn man sie vor dem Glasieren ganz fein mit Mehl bestäubt.

Gewürze

- Damit Gewürze lange ihr intensives Aroma behalten, kauft man sie am besten im ganzen, so zum Beispiel: Ingwer, Muskatnuß, Nelken, Anis, Piment, Zimtstangen. Ätherische Öle verflüchtigen sich um so rascher, je feiner die Gewürze gemahlen sind.
- Kardamom und Koriander verflüchtigen sich am schnellsten, deswegen kaufen Sie am besten nur kleine Mengen. Falls Sie angebrochene Säckchen haben, falten Sie diese bis zum Pulver hinunter, Gläser schließen Sie, sofern möglich, luftdicht ab.
- Bei feuchter Luft können gemahlene Gewürze verklumpen und schimmeln.

Grieben

Grieben sind Rückstände vom ausgelassenen Speck, die den Geschmack von fleischlosen Gerichten besser und kräftiger machen. Zum Braten von Kartoffeln, für Rührei, für salziges Gebäck, für warmen Kartoffelsalat.

Grünes Gemüse

Grünes Gemüse bleibt auch beim Kochen grün, wenn Sie den Topf nicht mit dem Deckel verschließen.

Gurken

- Gurken faulen auch bei widrigsten Umständen nicht, wenn man unter die Gurken Glasscheiben legt.
- Das Schimmeln von Essiggurken verhindert man, wenn man 20 Gramm schwarzen Pfeffer in einen Leinensack gibt und zu den Gurken hängt.
- Gewürzgurken nicht mit der Hand aus dem Gefäß nehmen, da sie sonst schneller verderben.

Hackbraten

Der Hackbraten platzt nicht auf, wenn man der Hackfleischmasse 1–3 Teelöffel Kartoffelmehl untermischt. Während des Bratens begieße man das Fleisch mehrfach, damit der Braten saftig bleibt.

Hackfleisch

- Rohes Hackfleisch mit Salz vermischen, dann bleibt es eßbar.
- Frikadellen werden locker, wenn man auf ein Pfund Hackfleisch statt des üblicherweise verwendeten Mehls zwei mittelgroße Kartoffeln nimmt.
- Hackfleisch läßt sich auch mit einer rohen geriebenen Kartoffel statt mit einem Ei binden.
- Hackfleisch knete man nie mit der Gabel, sondern immer mit der Hand, damit der Hackbraten nicht so leicht zerfällt.

- Hackfleisch ist aus allen möglichen Resten hergestellt und nicht zu vergleichen. Die teuerste Version (wie durchgedrehtes Roastbeef) hat den geringsten Fettanteil.

Hase

Hasenfleisch wird besonders zart, wenn man es ein oder zwei Tage vor der Zubereitung in Buttermilch legt.

Hefe

- Hefe gilt nicht nur als Treibmittel, sondern auch als gesundes und preiswertes Würzmittel, zum Beispiel für Suppen oder Gemüse. Man löst die Hefe in Wasser auf, verrührt sie gut und fügt sie der heißen Speise hinzu.
- Hefe stellt man wie folgt selbst her: Man verrühre zwei mittelgroße, feingeriebene, gekochte Kartoffeln zusammen mit einem Teelöffel Zucker und ebensoviel hellem Bier zu einem dicken Brei, den man, bis er gegoren hat, mehrere Tage beiseite stellt. Die Masse reicht für etwa ein Kilogramm Mehl aus.

Hefeteig (Germteig)

- Hefeteig wird zur Herstellung ausgiebiger und preiswerter Mehlspeisen verwendet.

- Zu Hefeteig soll man nie zuviel ganze Eier nehmen, sondern besser nur die Dotter, denn zuviel Eiweiß macht den Teig trocken und zäh. Gibt man mehr Fett in den Teig oder Rosinen und Mandeln, nimmt man etwas mehr Hefe. Zuviel Hefe allerdings macht den Teig großporig.

Honig

Honig, der auskristallisiert und fest geworden ist, wird im warmen Wasserbad wieder flüssig.

Hülsenfrüchte

- Man kann Hülsenfrüchte vor Würmern schützen, indem man sie mit Salz bestreicht und öfters durchschüttelt.
- Ein Spritzer Essig kurz vor dem Abschluß der Kochzeit löst die Zellulose und fördert die Verdaulichkeit.

Joghurt

Joghurt hält sich im Kühlschrank länger, wenn er auf den Kopf gestellt wird.

Kaffee

- Kaufen Sie immer nur Kaffee für eine Woche, da sein Aroma sehr schnell verfliegt. Verschließen Sie die Pakkungen immer sehr sorgfältig, und stecken Sie sie vielleicht in eine gut schließende Dose. Und diese Dose stellen Sie dann in den Kühlschrank. Dort bleibt der Kaffee gleich dreimal so frisch.
- Ist der Kaffee zu stark geraten, kann man ihn durch Zugabe von heißem Kakao wieder bekömmlich machen.
- Kaffee wird aromatischer, je feiner er gemahlen wird.
- Kaffee ist nur dann wirklich schmackhaft, wenn er ganz heiß serviert wird.
- Übrig gebliebenen Kaffee oder Tee soll man an heißen Tagen im Gefrierfach des Kühlschranks zu Würfeln gefrieren lassen. Daraus können Sie später einen köstlichen Eiskaffee oder Eistee machen.

Kakao

- Kakao klumpt nicht, wenn er mit etwas Zucker vermengt wird.
- Kakao- und Schokoladegetränke, die mit Wasser angesetzt werden, kann man durch Zugabe von etwas Pulverkaffee geschmacklich veredeln.
- Kakao läßt man immer zweimal aufkochen. Er wird sämiger und geschmackvoller.

- Zur Aufbewahrung von Kakao nimmt man ihn aus der Packung und gibt ihn in ein Porzellangefäß, wenn er frisch bleiben soll.

Kartoffeln

- Der beste Aufbewahrungsort für eingekellerte Kartoffeln ist eine Kartoffelhorde: ein Lattengestell mit einer Öffnung am unteren Teil, wodurch die Kartoffeln sofort nachrutschen, wenn Sie einen Teil entnommen haben. Auf diese Weise werden immer die unteren Schichten, die am gefährdetsten sind, verbraucht, und Sie sparen sich die Kontrolle jener Kartoffeln, die schon am längsten eingelagert sind. Wenn Sie keine Horde haben sollten, dann lagern Sie die Kartoffeln in Kisten mit vielen Luftlöchern, wobei Sie die Kisten auf Ziegelsteine stellen. Vergessen Sie nicht, die Kartoffeln zu kontrollieren und angefaulte Stücke wegzugeben, da sonst die gesunden angesteckt werden könnten.
- Auf gar keinen Fall haben Kartoffeln etwas in der Nähe von anderen Gemüsen, Farben oder sonstigen stark riechenden Waren zu suchen, da sie sehr schnell andere Gerüche annehmen.
- Kellerasseln, die gerne an Kartoffeln gehen, lockt man mit frischem, ausgehöhltem Kohlrabi. Die Asseln sammeln sich darin und können so leicht entfernt werden.

Kartoffelpuffer

- Den Teig von Kartoffelpuffern (Reibekuchen) mit etwas Salz bestreuen und Speiseöl darübergießen, dann bleibt er schön hell.
- Kartoffelpuffer sind mit untergemischtem Magerquark leichter bekömmlich.
- Kartoffelpufferteig wird, etwas weicher als üblich hergestellt, auch in einer nur mit Fett ausgestrichenen Pfanne im Backrohr braun und knusprig, ebenso bräunen einzelne Puffer, auf ein geöltes Backblech gelegt und gebacken.

Kartoffelreste

Kartoffelreste, die nicht älter als einen Tag sind, kann man zu Kartoffelsuppe, -klöße und -püree verarbeiten.

Kartoffelsalat

- Kartoffeln für Salat mit dem Eierschneider in Scheiben schneiden.
- Kartoffelsalat (oder auch Gemüsesalat) wird ohne viel Öl mit folgender Soße saftig und schmackhaft: Aus einem Drittel Liter Wasser und einem Teelöffel in etwas kaltem Wasser angerührtem Stärkemehl eine sämige Soße kochen, durchsieben und abgekühlt mit etwas Öl, Salz, Pfeffer, geriebener Zwiebel und gehackten Kräutern tüchtig verquirlen.

Käse

- Käse, den man zum Reiben verwenden will, bewahrt man am besten in einem Gefäß mit Salz auf, damit er trocken bleibt und sich stets gut reiben läßt.
- Schnittkäse immer in einem Gefäß mit einem Stück Würfelzucker aufbewahren, da das den Käse frisch hält. Wenn der Würfelzucker zerfällt, dann ersetzt man ihn mit einem neuen Stück.
- Alter Käse, der schon hart ist, eignet sich hervorragend als Reibkäse.
- Frischer Käse verklebt beim Reiben allerdings die Raspel, außer man hat ihn vorher ins Tiefkühlfach gelegt.
- Ein Stück Zucker unter der Käseglocke verzögert das Austrocknen des Käses.
- Falls Käse einmal zu früh trocken geworden sein sollte, dann können Sie ihn in Milch oder Buttermilch wieder weich bekommen.

Käsekuchen

Käsekuchen geht sehr gut auf, wenn man ihn nach der halben Backzeit ganz schnell aus dem Ofen nimmt, die Füllung mit dem Messer vom Rand löst und ihn sofort weiterbäckt.

Käsetorte

Die Käsetorte erhält eine gelbliche Oberfläche, wenn man etwa zehn Minuten vor dem Ende der Backzeit eine Mischung aus lauwarmer Milch und Zucker daraufstreicht.

Kekse

Altbackene Kekse werden wieder knusprig und frisch, wenn man sie kurz in Milch taucht und dann etwa eine Viertelstunde im Backrohr erhitzt.

Kirschen

- Kirschen werden bis Weihnachten aufbewahrt, indem man sie mit Handschuhen pflückt und sie dann in einen Steintopf gibt, den man mit einer Schweinsblase zubindet.
- Kirschen werden erst gewaschen, dann entstielt. Frühe Sorten von Süßkirschen eignen sich ganz besonders gut zum Einkochen.
- Zum Entsteinen eignet sich am besten ein gerade abgeschnittener Gänsekiel.

Klöße

Klöße zerfallen nicht, gibt man je Liter Kochwasser einen Eßlöffel kalt angerührtes Kartoffelmehl dazu.

Knäckebrot

Feucht gewordenes Knäckebrot kann man im Toaster oder im Backrohr wieder trocknen.

Knoblauch

- Man wickle einen Zopf mit Zwiebel und Knoblauch und hänge diesen an einem kühlen und luftigen Platz.
- Knoblauchzehen legt man geschält in Öl, damit sie nicht austrocknen. Wenn der Knoblauch aufgebraucht ist, hat man ein aromatisches Öl.
- Ist zuviel Knoblauch in der Soße, füllt man frische Petersilie in ein Tee-Ei und läßt es in der Soße mitkochen.

Kochen

- Kochen bedeutet Garwerden in viel Flüssigkeit. Es wird bei Fleisch, Teigwaren, Gemüse, Kartoffeln, selten bei Fisch verwendet.

- Da wertvolle Nährstoffe beim Kochen in den Sud übergehen, niemals zu lange kochen und immer den Sud verwenden.

Kompott

Als preiswerter Brotaufstrich empfiehlt sich Kompott von Pfirsichen oder von Aprikosen, das man durch ein Sieb streicht. Dieser Brotaufstrich ist bekömmlicher als die im Handel erhältlichen Marmeladen und außerdem billiger.

Konserven

- Konserven unbedingt vor Feuchtigkeit und Frost schützen. Der Lagerraum sollte idealerweise eine Temperatur von 15–16 C haben.
- Konservendosen, die leichte Wölbungen zeigen, sofort wegwerfen. Durch das Verderben im Inneren hat sich ein Faulgas gebildet, das die Dose so ausbeult.
- Angebrochene Dosen möglichst schnell aufbrauchen, Reste in Glas- oder Porzellangefäße umfüllen. Niemals in den Dosen aufbewahren.

Kräuteressig

- Weißen Essig in eine Flasche mit weiter Öffnung füllen

und ein paar Kräuterzweige hineingeben. Immer nur eine Kräuterart verwenden.

- Dann lassen Sie die Kräuter so lange ziehen, bis sie verbraucht sind.
- Außerdem ist Kräuteressig ein dekoratives Geschenk für Küchenfreunde.

Kürbis

Bei der Ernte läßt man am besten ein Stückchen des Stiels am Kürbis, dann hält er sich länger.

Kuchen

- Kuchen brennt nicht an, wenn man unter die Kuchenplatte im Backofen eine kleine Schale mit Wasser stellt.
- Goldbraun werden Kuchen und Kekse, bestreicht man sie vor dem Backen mit Dosenmilch.
- Alle Rührkuchen verfeinert man durch einen Schuß Weinbrand, den man dem Teig zusetzt. Der Teig wird lockerer, das Aroma verbessert, und der Alkohol verfliegt beim Backen.
- Wenn man im Rührteig einen Joghurt mitverarbeitet, wird er lockerer.
- Weichen Sie Rosinen vorher in Rum und Arrak ein. Das verleiht dann dem Kuchen ein besonders gutes Aroma.
- Kuchen nie abrupt abkühlen, sonst fällt er zusammen.

- Kuchen wird mit weniger Eiern leichter, aber trotzdem schön gelb, vermischt man die Eidotter mit Salz.
- Trockener Kuchen wird wieder frisch, wenn man ihn in mehreren Lagen eingefettetes Butterbrotpapier einwickelt, eine halbe Stunde im Sieb über kochendem Wasser dämpft und, nachdem man das Papier wieder entfernt hat, acht Minuten lang bei mittlerer Hitze im Backofen backt.
- Etwas zu trocken gewordener Rührkuchen mit Milch einpinseln und noch einmal kurz in den Backofen schieben. Danach ist er wieder weich und duftig.
- Ist der Kuchen angebrannt, kann man ihn retten, wenn man das Verbrannte mit dem Reibeisen abreibt und ihn mit einer Glasur überzieht.
- Schnell aufgehende Kuchen laufen manchmal über den Rand der Backform. Mit zwei oder drei Makkaroniröhrchen, die man in den Teig steckt, verhindert man das.
- Der Baiserüberzug des Kuchens bricht nicht so leicht beim Schneiden, wenn das Messer dünn eingefettet wird.
- Kuchen wird besonders locker, wenn man bei Butter oder Margarine einen Teil Öl mitverwendet.
- Eiermasse läßt sich in warmem Zustand viel besser für den Kuchenteig verrühren.
- Der Kuchen löst sich besser aus der Form, wenn man ihn erkalten läßt und die Form dann für kurze Zeit in kochendes Wasser stellt.
- Den Kuchen vor dem Backen mit Milch bestreichen – das ergibt eine schöne Kruste.
- Kuchen und Torten schneidet man mit einem dünnen Bindfaden in Stücke. Diese Lösung eignet sich besonders gut, wenn der Kuchen oder die Torte zum Füllen horizontal durchgeschnitten werden soll.

- Wenn der Kuchenteig gerinnt, erwärme man ihn im Wasserbad und rühre ihn einige Male um, dann wird er wieder glatt.
- Kuchen oder Gebäck kann man frisch halten, wenn man beides in eine Blechdose gibt und einen Apfel dazulegt.
- Damit der Kuchenteig beim Ausrollen nicht am Teigroller kleben bleibt, legt man den Teigroller für eine Stunde ins Tiefkühlfach.

Leber

- Leber und Nieren vor dem Braten einige Zeit in kalte Milch legen – so werden sie beim Braten nicht hart. Erst kurz vor dem Anrichten salzen.
- Leber wird beim Braten nicht hart, wenn man sie vorher mit Zucker bestreut.
- Leber vor dem Häuten kurz in heißes Wasser tauchen, das erleichtert die Arbeit.

Lebkuchen

Für Lebkuchen empfiehlt sich dieselbe Aufbewahrungsmethode wie für Kuchen.

Limonade

Aus einem Glas kaltem Wasser, etwas Zucker, Zitronensaft und einem halben Teelöffel „Bullrich-Salz“ stellt man selbst eine preiswerte Brauselimonade her.

Mandeln

- Mandeln springen beim Zerkleinern nicht so leicht, wenn etwas Zucker auf die Unterlage gestreut wird.
- Keine Mandeln im Haus? Mandeln können durch leicht geröstete Kürbiskerne, angeröstete Haferflocken oder Nüsse ersetzt werden.

Marinade

Ein Zartmacher für Schnitzel und Kotelett ist folgende Marinade: Ein Eßlöffel Öl, ein Ei und etwas Salz und Pfeffer werden gut durchgeschlagen, und das Fleisch wird sechs bis zehn Stunden lang hineingelegt.

Markklöße

Markklöße geraten gut, wenn man das ausgelassene Fett etwas erkalten läßt und dann schaumig schlägt. Erst dann gebe man die anderen Zutaten dazu.

Marmelade

- Wenn die Marmelade beim Einkochen nicht fest geworden ist, dann kocht man sie am besten noch einmal auf und fügt statt Gelatine Tortenguß dazu.
- Kirschwasser, Himbeergeist oder andere Obstler, der Marmelade hinzugefügt, verfeinern nicht nur den Geschmack, sondern sie verhindern auch ein Schimmeln der Marmelade.
- Pflaumenmarmelade schmeckt ganz besonders gut, wenn man in den letzten fünf Minuten des Kochens feingehacktes Zitronat oder Orangeat hinzufügt.
- Preiselbeeren verhindern das Schimmeln bei selbstgekochter roter Marmelade.
- Wenn Marmelade Schimmel angesetzt hat, nehme man den Belag vorsichtig herunter und streue eine dicke Schicht Zucker auf die Marmelade.
- Marmelade vom letzen Jahr, die schon etwas von ihrem Geschmack verloren hat, läßt sich gut zum Verfeinern von Joghurt verwenden.

Marmorkuchen

Marmorkuchen wird lockerer, wenn man die erste Hälfte des Mehls ohne Backpulver, die zweite mit Backpulver verrührt.

Mayonnaise

- Geronnene Mayonnaise kann man noch retten, indem man wieder von vorne anfängt, sprich: ein Eigelb mit einigen Tropfen Öl verrührt und dann die geronnene Mayonnaise teelöffelweise dazugibt.
- Mayonnaise, die man selbst herstellt, gerinnt nicht, wenn man zu Beginn dem Dotter etwas Senf beimischt.

Mehl

- Beim Backen kann man Mehl durch Kartoffeln oder Quark ersetzen.
- Wenn man Mehl zum Binden von Brühen und Suppen verwendet, soll man es, mit etwas Flüssigkeit angerührt, eine Stunde lang aufgehen lassen, da es dann ergiebiger ist.
- Die Qualität von Mehl erkennt man, wenn man es zusammendrückt: Gutes Mehl klebt zusammen, schlechtes nicht.

Mehlschwitze

Eine Mehlschwitze läßt sich auch mit wenig Fett machen, wenn man das notwendige Mehl vorsichtig goldgelb bräunt und mit Flüssigkeit (Suppe) aufgießt. In diesem Fall leistet Milch gute Dienste, da man sie ruhig etwas anschmoren lassen kann und dann wieder mit Flüssigkeit ablöscht.

Möhren, gelbe

- Frische Möhren können gut in einem Faß gelagert werden, wenn sie nicht zu knapp nebeneinander aufgelegt werden und jede Schicht gut mit Torf, Erde oder Sand abgedeckt wird.
- Möhren sollten nicht mit dem Krautschopf aufbewahrt werden, da dieser ihnen noch mehr Flüssigkeit entzieht.
- Auch wird Möhrenschälen wesentlich einfacher, wenn Sie die Möhren vorher drei Minuten lang in kochendes Wasser und danach kurz in kaltes Wasser geben.

Milch

- Milch hilft bei Salaten Öl sparen, gibt fettarmer Mehlschwitze Kraft und Geschmack. Wichtig ist dabei, daß Magermilch den gleichen Nährwert besitzt wie Vollmilch, nur weniger Fett.
- Wenn Sie den Topfrand mit etwas Butter bestreichen, verhindern Sie das Überlaufen der Milch.
- Auf der Milch bildet sich keine Haut, wenn man die Milch kurz mit einem Eiswürfel abschreckt.
- Das Anbrennen von Milch, Pudding, Holländischer Soße usw. wird verhindert, wenn eine Glasmurmel mitgekocht wird.
- Milch wird nicht so schnell sauer, wenn man sie unter Zugabe eines Teelöffels Zucker aufkocht. Rohe Milch kann man auch im Sommer einige Zeit vor dem Sauerwerden schützen, wenn man sie mit rotem Papier zudeckt.
- Milch wird nicht so leicht sauer, wenn man beim Kochen

etwas Zucker oder Natron zugibt. Nach dem Kochen schnell kühl stellen.

- Milch kocht nicht über, wenn man ein kleines Tellerchen verkehrt herum auf den Topfboden legt.
- Auf der Milch bildet sich keine Haut, wenn man die Milch bis zum Erkalten rührt.
- Übergekochte Milch mit etwas Natron noch einmal aufkochen.
- Angebrannte Milch kann man in einem anderen Topf mit etwas Vanillezucker wieder kochen.

Mit Salz süßen

- Der Geschmack süßer Speisen wird durch Zugabe von Salz verstärkt und umgekehrt der von salzigen Speisen durch Zugabe von Zucker.
- Aber Vorsicht mit der Dosierung: Nur sehr wenig Zucker oder Salz verhelfen zum Erfolg.

Mohnkuchen

Mohnkuchen wird nicht fest, wenn man ihn mit geriebenem Zwieback macht.

Mürbeteig

Siehe Biskuit.

Muscheln

Frische Muscheln öffnen sich beim Kochen, geschlossene sollten Sie deswegen nicht zu sich nehmen.

Nudeln

- Nudeln bekommen mehr Geschmack, wenn man einen Brühwürfel mitkocht.
- Nudeln kleben nicht zusammen, wenn man sie in kochendes Wasser gibt und dem Wasser einen Schuß Essig beifügt.
- Teigwaren kochen nicht über, wenn man etwas Fett beim Kochen dazugibt.
- Nudeln oder Reis kleben nicht, wenn man etwas Öl oder Butter ins Kochwasser gibt.

Nüsse

Nüsse halten sich auf trockenem Sand besonders gut.

Obst

- Wenn beim Einkochen von saurem Obst etwas doppelkohlensaures Natrium hinzugefügt wird, dann kann man Zucker sparen.
- Obst kocht nicht über, wenn man ein wenig Butter dazugibt.
- Anstelle von Gelierzucker kann man auch normalen Zukker verwenden, wenn man einen Apfel unter die Früchte reibt.
- Da die Stiele eine Säure enthalten, die den Geschmack bei Obst herber machen, muß man sie vor dem Einkochen entfernen.
- Man bewahrt Obst niemals in einem Raum mit Kartoffeln oder Gemüse auf.
- Farnkraut ist das beste Mittel gegen Fäulnis. Wenn damit die Kellerregale ausgelegt sind, hält sich das Obst viel länger.
- Die Farnkrautunterlage muß allerdings jedes Jahr erneuert werden.
- Obst, Gemüse, Wurzelwerk schält, schabt und putzt man mit ganz nassen Händen, um keine schwarzen, rissigen Finger zu bekommen.
- Es geht beim Schälen von Äpfeln, Pflaumen, Pfirsichen und Tomaten weniger Fruchtfleisch verloren, wenn die Früchte einen Augenblick in kochendes Wasser getaucht werden. Kleine Früchte auf ein Sieb legen, damit das heiße Wasser gleich abläuft.
- Schmeckt Obst durch langes Lagern fad, so lege man es einige Tage zwischen wollene Decken, und der Geschmack kommt wieder.

Obstkuchen

- Der Boden des Obstkuchens weicht nicht durch, wenn er vor dem Belegen mit Oblaten abgedeckt oder mit Backpulver bestrichen wird.
- Die Früchte vom Obstkuchen rutschen beim Aufschneiden nicht vom Kuchen, wenn man den Kuchen erst mit Marmelade oder Gelee bedeckt, bevor man die Früchte drauflegt.
- Obstkuchen wird erst mit Zucker bestreut, wenn er nach dem Backen abgekühlt ist, sonst wird der Saft aus den Früchten gezogen.

Obstsalat

- Obstsalat bleibt länger frisch, wenn man die Schüssel mit dem Obstsalat in eine größere, mit Eiswürfel gefüllte Schale stellt.
- Durch Zugabe von Zitronen-, Orangen- oder Fruchtsaft erreicht man einen besonders guten Geschmack.
- Gehackte Nüsse werten den Salat auf.

Obst schälen

Obst, daß sich wegen seiner dünnen Schale nur mühsam schälen läßt, legt man kurze Zeit in heißes Wasser. Danach läßt sich die Haut mit den Fingern oder einem Messer mühelos entfernen.

Öl

- Speiseöl muß nicht gekühlt aufbewahrt werden.
- Kaltgepreßte Öle verderben jedoch leichter und gehören deshalb in den Kühlschrank.
- Man vermeidet das Ranzigwerden von Öl, wenn man ihm von Zeit zu Zeit etwas Salz hinzufügt.
- Öl riecht nicht beim Braten, wenn man in das Öl, sobald es anfängt, sich zu erhitzen, einen Zweig Petersilie legt.
- Brennendes Öl nie mit Wasser löschen, sondern mit nassen Tüchern ersticken.
- Trüb gewordenes Speiseöl wird durch Erwärmen wieder klar.
- Öl bewahrt man in einer offenen und dunklen Flasche auf. Man binde die angebrochene Flasche mit einem Leinenläppchen zu. Nur Olivenöl bewahre man verschlossen auf.
- Speiseöl bleibt klar, wenn man eine Prise Salz dazugibt.
- Ranziges Speiseöl läßt sich zum Braten verwenden, wenn man es mit einer Brotrinde braten läßt.
- Kartoffelsalat wird auch ohne viel Öl sehr schmackhaft, wenn man statt dessen die folgende Soße macht: Aus einem Drittel Liter Wasser und einem Teelöffel in etwas kaltem Wasser angerührten Stärkemehl eine dicke Soße kochen, durchsieben und abgekühlt mit etwas Öl, Salz, Pfeffer, geriebener Zwiebel und gehackten Kräutern tüchtig verquirlen.

Oliven

Oliven im angebrochenen Glas schimmeln nicht, wenn sie mit Öl oder Zitronensaft bedeckt werden.

Orangen

Orangen und Zitronen werden erst richtig schmackhaft und reif, wenn man sie in die Sonne oder in der Nähe des Ofens legt.

Orangenschalen

Getrocknete Orangenschalen sind eine äußerst aromatische Zutat zum Kochen und Backen. Raspeln Sie die Schalen, nachdem Sie das Weiße entfernt haben, und trocknen Sie die Stücke im Backrohr. Danach verwahren Sie die Raspeln in einem dichten Glas. Bevor Sie sie dann zur Zubereitung von Gebäck, Kuchen, Fleisch und Wild verwenden, müssen Sie sie jedoch einige Zeit in Wasser auflösen. Achtung: Ungespritzte Früchte verwenden!

Panier

Anstatt in Ei und Mehl paniert man preiswerter und ebenso zweckmäßig nacheinander in Mehl, Milch und Semmelmehl. Diese Panier gut andrücken.

Petersilie

- Frische Petersilie verleiht getrockneten Kräutern wieder

Geschmack, wenn man sie zu gleichen Teilen in einem Gefäß mehrere Stunden ziehen läßt.

- Petersilie und Schnittlauch, die, ins Wasser gestellt, so schnell verderben, bleiben, im Plastikbeutel gut verschlossen, im Kühlschrank zehn bis zwölf Tage lang frisch.
- Petersilie bewahrt man folgendermaßen auf: Petersilie waschen, hacken und in einem Stein- oder Glasgefäß mit Salz einstampfen. Auf fünf Teile Petersilie ein Teil Salz nehmen.
- Frische Petersilie, gewaschen und getrocknet, kann man für den Winter aufheben.
- Welk gewordene Petersilie in lauwarmes Wasser legen, dann wird sie wieder frisch.
- Petersilie ist nur mit warmen Wasser zu waschen, sonst verliert sie Saft und Aroma.

Pilze

- Pilze immer unter fließendem Wasser waschen, da sie sonst zuviel Wasser aufnehmen.
- Pilze nach dem Waschen gut abtropfen lassen und am besten im eigenen Saft mit etwas Butter dünsten.
- Pilze sollte man möglichst frisch verwenden. Niemals länger als einen Tag aufbewahren und dann auch nur sehr kühl und ungewaschen. Gekochte Pilze nur bis zum Abend aufheben.
- Pilze sollte man garen. Man soll sie nicht überbrühen, und sie dürfen nicht lange im Wasser liegen.
- Pilze dünn schälen und durch Abschaben der Oberhaut

putzen, nachdem man sie vorher von grobem Schmutz befreit hat. Dann die Pilze waschen und in dünne Scheiben schneiden.

- Getrocknete Pilze, durch die Pfeffermühle gedreht, geben ein herrliches Gewürz.
- Eßbare Pilze aller Art schneiden, an der Luft und im Ofen intensiv trocknen und zu Pulver zerstoßen – fertig ist Großmutters selbstgemachtes Gewürz.

Plätzchen

- Plätzchen lassen sich leichter ausstechen, wenn man bei weichem Teig die Ausstechform zuvor in Mehl und bei festem Teig in lauwarmes Wasser taucht.
- Plätzchenteig muß immer gleichmäßig dick beziehungsweise dünn ausgerollt werden, sonst werden die dünnen Plätzchen schwarz, während die dicken zu hell bleiben.
- Beim Plätzchenbacken spart man viel Zeit, wenn man Backpapier verwendet. Man schneidet es auf die Größe eines Backblechs zu. Während die erste Lage Plätzchen im Ofen bäckt, sticht man die nächste aus und legt sie auf das Backpapier.

Pökelfleisch

Geräuchertes oder Pökelfleisch, das stark gesalzen ist, wird bekömmlicher, wenn man es zum Kochen sofort ins kalte Wasser legt und etwas Zucker dazugibt. Bekanntlich wird ja Fleisch sonst erst ins heiße Wasser gegeben, da es dadurch an Geschmack und Kraft gewinnt.

Preiselbeeren

Beim Einkochen von Preiselbeeren gibt man Äpfel oder Birnen dazu, da sie den Geschmack verbessern.

Quark

Quark ersetzt in vielen Fällen Fett und Öl, macht Aufläufe und Kuchen locker und saftig, streckt Brotaufstriche und Füllungen und ist für süße und pikante Speisen ein gleich guter und gesunder Spargroschen – wie das Großmutter zu sagen pflegte. Das im Quark enthaltene Eiweiß ist um vieles billiger als das im Fleisch vorkommende.

Radieschen

- Weiche Radieschen lege man für einige Zeit in kaltes Wasser, damit sie wieder frisch und knackig werden.
- Welke Radieschen werden zum Auffrischen mit den Blättern und nicht mit den Knollen ins Wasser gelegt.

Rahm, saurer (Sahne)

- Als Ersatz für sauren Rahm kann man etwas Mehl, Milch und Essig versprudeln.
- Gut verquirlte Sauer- oder Buttermilch, mit ein wenig Mehl verrührt, ersetzt zum Beispiel bei Braten die vergleichsweise teure saure Sahne, Reste von kondensierter Milch ergeben, auch gesäuert, mit Salz, Zitrone oder Essig, geriebener Zwiebel, Senf und Kräutern abgeschmeckt, eine schöne ölige Soße etwa für Salzheringsstreifen.

Rahm, süßer (Sahne)

Süßen Rahm kann man wie folgt ersetzen: In steifen Schnee vom Eiklar wird nach und nach dickgesponnener, heißer Zucker eingeschlagen. Kalt schlagen! (1 Klar, 5 dag Zucker, 4 dl Wasser.)

Reis

- Ansetzen und Anbrennen von Reis verhindert man, indem man den Reis in Ruhe kochen läßt und nicht umrührt.
- Reis bleibt beim Kochen weiß, wenn man ein paar Tropfen Zitronensaft mitkocht.
- Reis schmeckt besonders delikat, wenn man Joghurt unterhebt und etwas frischen Zitronensaft dazugibt. Anschließend mit Mandelsplittern überstreuen. Wird der

Reis zusammen mit einem Suppenwürfel gekocht, schmeckt er besonders würzig.

- Beim Reiskochen kann man auf Salz verzichten. Um trotzdem einen guten Geschmack zu erzielen, gebe man eine ganze Zwiebel dazu, dies entwässert den Reis besser.
- Reis kann durch preiswerte Graupen ersetzt werden, die in der Verarbeitung genauso wie Reis behandelt werden müssen.
- Beim Kochen von Reis gibt es keine verschmutzten Herdplatten mehr, wenn man ein Stückchen Butter ins Kochwasser gibt, was das Überkochen verhindert.

Reisreste

Eignen sich für Reissuppen, Tomatensuppe, Reisröllchen, Reisfleisch, gefüllte Paprika usw.

Rhabarber

Rhabarber als Kompott wird geschnitten, mit ganz wenig Wasser angeschmort und erst dann gesüßt. Wenn der Kochsaft mit ein wenig in Wasser angerührtem Stärkemehl gebunden wird, macht sich seine Säure weniger bemerkbar.

Rosenkohl

- Rosenkohl ist gut, wenn die Köpfe verschlossen und die äußeren Blätter nicht welk sind.
- Rosenkohl erst nach dem Kochen salzen, dann wird er nicht so grau.

Rotkohl

Rotkohlgemüse kann man gut sämig kochen, indem man einen großen Eßlöffel Reis hinzugibt.

Rotkraut

Rotkraut behält seine schöne Farbe und gewinnt an Geschmack, wenn man es mit einem saurem Apfel kocht.

Rouladen

Rouladen werden sehr pikant, legt man sie einen Tag vor der Zubereitung in eine Marinade aus Öl und kleingeschnittenem Knoblauch.

Rührei

- Rühreier schmecken pikant, wenn man unter die rohen Eier geriebenen Käse rührt.
- Rühreier werden besonders locker, wenn pro Ei ein Eßlöffel Selterswasser mitverrührt wird.
- Rühreier werden locker, wenn man etwas Milch unterrührt.

Saftiges Bratenfleisch

Wenden Sie das Bratenfleisch zu Beginn mit allen Seiten im heißen Fett. Dadurch schließen sich die Poren, und Ihr Braten bleibt saftig.

Sahne schlagen

Die Sahne erst nach dem Steifwerden süßen. Falls die Sahne nicht steif werden will, helfen ein paar Spritzer Zitronensaft oder ein kaltes Eiweiß.

Salate

- Der Salat-Genuß beginnt bereits beim Einkauf. Deshalb ein paar wichtige Tips zu diesem Thema:
  Blattsalat sollte fest und geschlossen sein, die Blattrippen straff und saftig, ohne gelbe Flecken.
  Treibhaus-Salat ist nicht so ergiebig, weil er lockere Köpfe hat.
  Feld-, Eisberg- und Endiviensalat sollten ebenfalls knakkig und fest sein.
  Frischer *Feldsalat* hat glatte, dunkelgrüne Blätter. Endivien und Eisbergsalat können eine grünlich-gelbe Farbtönung haben.
  Wirklich frische *Salatgurken* sind dunkelgrün und fühlen sich fest an.
  Paprika und *Zucchini* sollten dieselben Voraussetzungen erfüllen.
- Älterer Salat neigt zum raschen Welken seiner Blätter. Ein halbstündiges Bad in kaltem Wasser mit ein bißchen Zitronensaft hilft ihm wieder auf die Beine.
- Feldsalat erholt sich in einem Bad mit lauwarmen Wasser.
- Salat hält sich übrigens genauso wie alles andere Gemüse in einem feuchten Tuch oder Zeitungspapier frisch.

Salzen ohne Salz

Verschiedene Diäten schreiben vor, auf den Gebrauch von Salz zu verzichten. Aus einem Teil schwarzen Pfeffer, ingesamt fünf Teilen Paprika, Knoblauch und Senf und zehn Teilen Zwiebeln, alles getrocknet und gerieben, erhält man einen vollwertigen Salzersatz.

Salzgebäck

Übriggebliebene Salzstangen und Brezen mit dem Nudelholz in einer Plastiktüte zerkleinern und aufheben. Das ist würziges Paniermehl für Fleisch und Fisch.

Sauerkraut

- Bei Sauerkrautzubereitung am besten einige rohe zerschnittene Kartoffeln beifügen. Dadurch wird dem Kraut jede Schärfe genommen.
- Sauerkraut wird schön sämig, ohne daß man eine Mehlschwitze machen muß, wenn man eine Kartoffel mitkocht.
- Salzgurken und Sauerkraut nicht in der Nähe von Obst und Gemüse aufbewahren, da sie leicht gären.
- Stellt man an der Oberfläche von Sauerkraut Schimmel fest, so entferne man ihn und gieße ein Gläschen Branntwein darüber. Dies wiederhole man – höchstens viermal – bei jeder Entnahme von Sauerkraut.

Schokoladeglasur

Billige Schokoladeglasur kann man selbst herstellen. Man schmilzt preiswerte Schokolade im Wasserbad und fügt Plattenfett hinzu.

Schokoladekuchen

- Schokoladekuchen wird saftig, wenn man einen Eßlöffel Essig mit in den Teig gibt.
- In den Schokoladekuchenteig gehört unbedingt eine Prise Salz!

Schwarzwurzeln

- Schwarzwurzeln werden nicht braun, wenn sie nach dem Putzen in Wasser gelegt werden, in dem etwas Weizenmehl verrührt wurde.
- Die Schale von Schwarzwurzeln läßt sich besser entfernen, wenn man das Gemüse vorher mit kochendem Wasser überbrüht.

Sekt prickelt aufs neue

- Falls Sekt oder Champagner in der offenen Flasche schal geworden sein sollte, dann kann man ihn wieder mit einer Rosine zum Leben erwecken. Stand er allerdings zu lange offen, dann hilft nicht einmal mehr die Rosine.
- Sie können Sekt offen in der Flasche bis zu 24 Stunden stehenlassen, wenn Sie einen Silberlöffel in den Hals hängen.

Sellerie

Sellerie behält seine weiße Farbe auch nach dem Kochen, wenn man ihn zuvor einige Zeit in Essigwasser gelegt hat.

Semmelbrösel, selbstgemachte

Alte Semmeln oder altes Weißbrot werden auf der Reibe gerieben, schon sind die Semmelbrösel fertig.

Senf

- Senf trocknet nicht ein, wenn man etwas Salz dazugibt. Der Geschmack wird dadurch nicht verändert.

- Eingetrockneten Senf kann man mit Essig, Öl und ein wenig Zucker wieder aufrühren.

Sesam

- Kaltgepreßtes Sesamöl schmeckt köstlich nußartig.
- Und die Kerne können Sie genauso wie Nüsse zum Backen verwenden.

Spargel

- Spargel muß immer von oben nach unten geschält werden, und das holzige Fußstück wird zuletzt abgeschnitten. Sollte der Spargel schon ein wenig älter sein, dann legt man ihn vor dem Schälen mehrere Stunden in kaltes Wasser.
- Spargel bleibt auch mehrere Tage frisch, wenn er in eine Kiste mit Sand gelegt wird. An einem kühlen Ort aufbewahren.
- Eine kurze Zeit läßt sich Spargel, in ein feuchtes Tuch geschlagen, im Kühlschrank aufheben.
- Spargel bekommt ein stärkeres Aroma, wenn er in einem Gemüseeinsatz auf den eigenen Schalen gegart wird.
- Beim Kochen des Spargels lege man einen abgesägten Kochlöffel unter die Spargelköpfe, damit sie nicht ganz im Wasser liegen. So bleiben die empfindlichen Köpfe knackig.

Spätzle

- Spätzle, die in Fleischbrühe anstatt in Wasser gegart wurden, haben einen herzhaften Geschmack.
- Wenn man Spätzleteig mit einem Teelöffel Grieß zubereitet, gibt das einen volleren Geschmack.

Speck

- Speck oder Schinken, der zu zäh geworden ist, kurze Zeit in heißes Wasser legen, dann ist er wieder genießbar.

Speisereste

- Speisereste von Fleisch, Gemüseteilen usw. niemals fortwerfen, sondern durch die Maschine gedreht oder kleingehackt für Suppen, Aufläufe oder Füllungen verwenden.
- Reste vom Mittagsessen bewahrt man am besten in Glasgefäßen auf, da andere Geschirre den Geschmack leicht beeinflussen.

Spiegelei

- Spiegeleier hängen nicht an, wenn man im Bratfett erst etwas Mehl anbräunt, bevor man die Eier hineinschlägt.

- Spiegeleier gelingen gut, wenn man das Fett nicht zu heiß macht. Gesalzen wird entweder das Bratfett oder der Eiweißrand.

Spinat

- Spinat bleibt beim Kochen grün, wenn man außer dem Salz eine Prise Natron ins Wasser gibt.
- Spinat darf nach dem Erkalten nicht wieder aufgewärmt werden, da sich dabei das giftige Nitrit bildet.
- Spinat schmeckt besonders gut, wenn man ihn mit frischem Dill würzt.

Streusel

- Streuselkuchen besprühe man sofort nach dem Backen mit kaltem Wasser, dadurch werden die Streusel sehr mürbe.
- Streusel werden durch Vanille noch feiner.

Strudel

Abgeschnittene Ränder des Strudelteigs mit Mehl abkneten, zu Kugeln formen, übertrocknen lassen, reiben: „Reibgerstel“ auf ein Tuch streuen, trocknen lassen und dann als Einlage für Fleischbrühe verwenden.

Strudelteig

Strudelteig reißt nicht so leicht beim Ausrollen, wenn man dem Teig einen Schuß Öl beimengt.

Südfrüchte

- Bananen bewahrt man am besten im Kühlschrank auf; die Schale wird dadurch zwar braun, aber das Fruchtfleisch bleibt frisch.
- Dünnschalige Grapefruits sind länger saftig als dickschalige.
- Ungespritzte Zitronen ergeben doppelt soviel Saft, wenn sie vor dem Pressen 15 Minuten lang in heißes Wasser gelegt wurden.
- Gelatine-Süßspeisen mit frischen Ananas werden nicht steif.

Suppe

- Suppen, die zu dünn geraten sind, kann man durch rohe geriebene Kartoffeln eindicken.
- Was der Suppe Geschmack und Charakter gibt, soll nicht im Hauptgericht wiederkehren.
- Eidotter zum Legieren etwas salzen, wirkt gelber und färbt die Suppe appetitlicher.
- Grüne Kräuter (Petersilie und Schnittlauch) nie mitkochen, sondern erst vor dem Anrichten in den Suppentopf,

noch besser auf jeden Teller geben oder zur Selbstbedienung in einer Schüssel auf den Tisch stellen.
- Angewärmte Teller verfeinern den Geschmack der Suppe.
- Warm zugedeckte Suppen werden bei längerem Stehen leicht sauer.

Tannenspitzen

Tannenspitzen sind ein gutes Gewürz, das Fleisch einen feinen Geschmack gibt.

Tee

- Schwarztee auf indische Art bereitet man wie folgt zu: Tee in Wasser aufkochen, das zuvor mit Zucker, Nelken und Kardamom angereichert wurde. Danach Milch hinzufügen und den Tee nochmals aufkochen. Zum Schluß mit Zimt bestäuben. Etwa ein Drittel Wasser und zwei Drittel Milch nehmen.
- Teesorten aller Art bewahrt man in geschlossenen Blechdosen auf.
- Fruchttee wird ergiebiger, wenn die Früchte in der Kaffeemühle zerkleinert werden.
- Tee muß zwischen zwei und vier Minuten ziehen, wenn er wach machen soll; zieht er vier bis fünf Minuten, wirkt er beruhigend.
- Tee mit einem besonderen Aroma erhalten Sie, wenn Sie

eine Zimtstange oder eine Vanillestange in die Teedose legen.

- Beim Sammeln von Teekräutern sollte man nur bekannte Kräuter nehmen, Irrtümer könnten ungewollte Folgen haben. Man beachte unbedingt die Bestimmungen des Naturschutzes.

Toastbrot

- Ein Brot kann man auch auf der Herdplatte toasten, wenn kein Toaster zur Hand ist. Man lege vorher ein Stück Alufolie auf die Herdplatte. Auch im Backofen kann man toasten.

Tomaten

- Weich gewordene Tomaten legt man etwa 15 Minuten lang in kaltes Wasser, dann werden sie wieder schnittfest.
- Tomaten, die man schälen will, friere man vor dem Schälen kurz ein. Unter warmen Wasser läßt sich dann die Haut ganz leicht abziehen.
- Unreife Tomaten reifen im Herbst nach, wenn man die ganze Staude herauszieht, sie an den Wurzeln zusammenbindet und in Zugluft hängt.
- Tomaten lassen sich leichter schälen, wenn man sie vor dem Überbrühen mit einem spitzen Messer zweimal einritzt.

Tomatenmark

Angebrochenes Tomatenmark aus der Dose in ein Glas- oder Porzellangefäß geben und mit Öl abdecken, so hält es sich lange.

Tomaten schälen

Tomaten lassen sich einfach schälen, wenn man ihre Haut an mehreren Stellen einschneidet und sie dann kurze Zeit in heißes Wasser legt.

Tortenboden

- Beim Backen von Tortenböden nur den Boden mit Fett bestreichen, nicht den Rand, da der Teig sonst nicht hochsteigen kann.
- Der Tortenboden weicht nicht durch, wenn man vor dem Belegen mit Obst etwas Sahnesteif darüber streut.
- Tortenboden lasse man in der Springform erkalten, bevor er auf die Kuchenplatte geschoben wird. Den Rand der Form öffne man aber bereits nach wenigen Minuten, nachdem der Kuchen aus dem Backrohr genommen wurde.

Tortenguß

- Tortenguß nach dem Erstarren mit etwas Alkohol bestreichen. Dadurch wird er schön glänzend und geschmacklich verfeinert.
- Hat man nur roten Tortenguß, braucht aber klaren, nehme man einen Viertelliter Ananas- oder Pfirsichsaft und koche damit den roten Tortenguß auf.
- Um rote Glasur herzustellen, verwendet man Himbeersaft, für gelbe Safran und für grüne Spinatsaft.

Überkochen

- Den Deckel immer schräg auf den Topf legen, so daß Dampf entweichen kann.
- Eine andere Methode ist es auch, ein Stückchen Butter ins Wasser zu geben oder einen Schuß Öl.

Vanille

Vanillestangen behalten lange ihr Aroma, wenn sie in einem fest verschlossenen Glas mit Schraubdeckel aufbewahrt werden. Füllt man auch noch Zucker ein, hat man immer Vanillezucker zur Hand.

Vanillepudding

Reste von Vanillepudding können mit Joghurt, einem Schuß Eierlikör oder auch mit Himbeeren aus der Dose zu einem Dessert verkocht werden.

Versalzenes

- Versalzene Suppen und Soßen kann man retten, wenn man sie mit Kartoffeln, Milch oder Sahne aufkocht. In versalzene Fleischbrühe verquirlt man ein rohes Eiweiß und gießt sie dann durch ein Sieb. Das zurückgebliebene Eiweiß hat einen Großteil des Salzes aufgenommen.
- Versalzenes wird wieder gut genießbar, wenn man eine rohe Kartoffel, Erbsen oder einen Silberlöffel im selben Gefäß mitkocht.
- Um versalzene Soßen zu retten, müssen Sie nur einen Teelöffel Honig dazugeben.

Versalzene Speisen

Kochen Sie versalzene Speisen mit einigen Stücken roher Kartoffel wieder auf. Sie müssen allerdings nachher die Kartoffeln entfernen, da sie den Salzgeschmack binden.

Vorratsordnung

Jeden Neuzugang an der hintersten Stelle aufbewahren. So wird automatisch zuerst verzehrt, was am längsten gelagert hat.

Walnüsse

Walnüsse nach dem Ernten in Zugluft gründlich trocknen, damit sie nicht schimmeln, dann in Säcke füllen und diese hängend aufbewahren.

Weihnachtsgebäck

Weihnachtsgebäck mit besonderem Aroma erhält man, wenn man das Backblech mit Bienenwachs einreibt. Dazu erwärmt man das Blech kurz im Backofen und bestreicht es dann mit einer waagrecht gelegten Kerze aus reinem Bienenwachs.

Weintrauben

Man kann die Trauben längere Zeit aufbewahren, wenn man sie in einem kühlen, trockenen Raum frei aufhängt, nachdem man die faulen Beeren abgezupft und die Schnittfläche des Stiels mit Lack luftdicht verschlossen hat.

Weißkraut

Ein Weißkrautkopf läßt sich leicht entblättern, wenn man ihn kurze Zeit in kochendes Wasser legt. Auch werden die Blätter dadurch geschmeidig und lassen sich zum Beispiel leichter zu Kohlrouladen verarbeiten.

Wild

Wildgeruch verliert sich, wenn das Fleisch in schwach mangansaurem Kaliwasser abgewaschen wird.

Wurst

- Harte Würste, die man hängend an einem trockenen Ort aufbewahrt, bestreicht man von Zeit zu Zeit mit Speiseöl, damit sie ihren delikaten Geschmack behalten und nicht so schnell verderben.
- Wurst und Fleisch hält sich im Sommer am besten und längsten in Papier eingeschlagen und in die Ofenröhre gelegt.
- Aufgeschnittene Wurst bleibt frisch, wenn man die geschnittenen Scheiben mit Margarine oder Butter bestreicht.
- Angeschnittene Wurst bleibt frisch, wenn man die geschnittenen Flächen mit Schweinefett bestreicht.

Zitronen

- Stellen Sie die Zitronen auf einen Unterteller und stülpen Sie ein Glas darüber, dann halten sie sich länger frisch.
- Frisch bleiben sie auch, wenn man sie in Papier einwickelt und in trockenen Sand legt, ohne daß sie sich berühren.
- Geriebene Zitronenschale läßt sich aufbewahren, wenn man sie mit Zucker mischt und in einem Glas gut verschließt.
- Abgeriebene Zitronen in Kochsalz legen, dort halten sie sich noch wochenlang frisch.
- Ausgepreßte Zitronenschalen nicht wegwerfen, da man sie dünn schneiden, trocknen und dann für Flammeris oder Fruchtsuppe verwenden kann. Ungespritzte Zitronen verwenden!
- Falls Sie bei den Schalen das Weiße nicht abgetrennt haben, kann man die Schale auch kandieren und als Zitronat verwenden.
- Eine ausgepreßte Zitrone hat noch zwei weitere Vorteile: Einerseits kann man sie in einem Sack mit in der Wäsche waschen und sie so als natürliches Bleichmittel verwenden, und andererseits kann die Hausfrau nach der Wäsche damit ihre Hände waschen und sie so pflegen.

Zitronensaft

Oft kommt es vor, daß man nur eine kleine Menge Zitronensaft braucht. Dann schneiden Sie nicht die ganze Zitrone auf, sondern stechen Sie mit einem Zahnstocher zum

Beispiel ein kleines Loch in die Zitrone, und pressen Sie sich die gewünschte Menge heraus. So bleibt die restliche Zitrone frisch und vertrocknet nicht.

Zucker

- Je mehr Backpulver und Hefe Sie beim Backen verwenden, desto weniger Zucker benötigen Sie.
- Mürbe-, Blätter- oder Brandteige werden im Gegensatz zu Rührteig auch ohne Zucker leicht und locker.
- Die natürlichste Quelle für Zucker ist selbstverständlich der Fruchtzucker selbst. Verwenden Sie Fruchtsäfte, Konzentrate, frische oder getrocknete Früchte als Zuckerersatz. Nicht nur, daß Sie Zucker sparen, sondern Sie setzen Ihrem Essen auch Vitamine zu.
- Sie können bei der Zubereitung von süßen Speisen auch Zucker sparen, wenn Sie ein wenig Salz in die Speisen geben. Durch das Salz wird jede Süßspeise herzhafter.
- Beim Einkochen können Sie Zucker sparen, indem Sie entweder süßes und saures Obst zusammen einkochen oder, wenn Sie saures Obst einkochen, etwas doppelkohlensaures Natrium dazugeben.

Zuckerguß

- Den Puderzucker mit Milch statt mit Wasser anrühren, dann wird der Zuckerguß schön weiß.

- Zuckerguß erhält einen feinen Geschmack, wenn man Zitronensaft, Vanillezucker oder Rosenwasser unterrührt.
- Zuckerguß wird weiß und glänzend durch Anrühren mit Eiweiß.

Zunge

Zunge langsam kochen, denn durch schnelles Kochen wird sie zäh.

Zwiebeln

- Knollen und Zwiebeln lagert man am besten in einem mit dürren Kastanien- oder Nußbaumblättern gefüllten Kistchen.
- Zwiebeln keimen nicht so schnell, wenn man sie über einer Kerze ansengt.
- Perlzwiebeln in lauwarmes Wasser legen, dann sind sie leichter zu schälen.
- Zwiebelschneiden ohne Tränen geht wie folgt: Man wasche die Zwiebeln nach dem Schälen heiß ab und kaue während des Schneidens Brot.
- Zwiebel in Soßen und Salaten sind gerieben leichter verdaulich, als wenn man sie schneidet.

Zwiebel schneiden

- Zu den berüchtigsten Begleiterscheinungen bei der Küchenarbeit gehört das Tränen der Augen beim Zwiebelschneiden. Großmutters Ratschlag: Schneiden Sie die Zwiebeln unter laufendem Wasser.
- Übrigens, wenn Sie die Zwiebel in einen Topf pflanzen, dann beginnt sie zu treiben. Der so entstandene Zwiebellauch ist viel herzhafter als der herkömmliche Schnittlauch.

Register